현대철학을 이해하는
40개의 키워드

술어집

나카무라 유지로 지음
송태욱 옮김

서커스

JUTSUGOSHU

by Yujiro Nakamura

© 1984, 2017 by Shizue Nakamura

First published 1984 by Iwanami Shoten, Publishers, Tokyo

This Korean edition published 2018

by Circus, Seoul

by arrangement with Iwanami Shoten, Publishers, Tokyo

숱어집

차례

지식의 방법으로서의 술어

지금은 '지식의 재편' 또는 '패러다임 전환' 시대라고들 한다. 지금까지도 전환기나 변동기는 있었는데, 오늘날 특별히 그렇게 말하는 것은 왜일까. 오늘날에는 이데올로기의 변화나 시대 사상의 변화에 그치지 않고 좀 더 기초에 있는 근본적인 것, 우리의 사고나 느낌의 전제가 되는 틀이나 지평 자체의 변화가 보이기 때문이다. 그리고 그것과 호응하여 일어나는 것은 언어에 대해 전면적으로 다시 묻는 일이다.

언어는 예전에 생각된 것처럼 이미 완성된 개념이나 사고를 그저 표현하는 것이 아니라 오히려 개념의 모태이자 사고의 지평이라 여겨지게 되었다. 나아가 인간을 전체적으로 표현하고 세계의 근원적 구조와 관련된 것으로 생각하게 되었다. 근래에 들어 언어가 그런 것으로 크게 주제화된 것이다. 이야기를 개념과의 관계에 한정해서 봐도 말, 즉 자연언어는 개념만으로 이루어진 것이 아니라, 간단히 말해 개념과 함께 이미지도 포함하고 있다. 그 때문에 말은 저절로 감성적인 것이나 각각의 고유한 문화를 떠맡지 않을 수 없는 것이다.

예컨대 동물학상 '개'의 개념—식육목 갯과의 짐승—은 전세계 공통이리 히더리도 일본어로 이누犬, 영어로 도그dog, 독일어로 훈트Hund, 인도네시아어로 안징anjing이라고 할 때 그 말을 읽거나 듣고 처음에 어떤 개를 떠올릴지는 각 국어에 따라 상당히 달라진다. 독일어에서의 흰 개die weißen Hunde가 아어雅語로는 '파도'를 나타내기도 한다. 그러므로 말은 보편성이라는 관점에서 개념에 미치지 못한다고 하더라도 그 대신 개념은 말에 따라, 말을 통해 비로소 내면화되어 생활 세계에 속하는 것, 살아 있는 게 된다고 할 수 있다.

앞에서 나는 '지식의 재편'이 싫든 좋든 언어에 대해 근본적으로 다시 묻게 한다고 말했다. 이 경우 중요해지는 것 중의 하나는 우리를 둘러싼 현실이나 세계를 해독하기 위한 기본 용어를 다시 검토하는 일이다. 또한 시대의 경과와 함께 새롭게 떠오른 용어의 의미를 분명히 하고 기본 용어 안으로 받아들이는 일이다. '지식의 재편'이란 기본 용어를 중심으로 한 세계의 언어적 재편이라고 해도 과언이 아니기 때문이다.

여기서는 그 기본 용어 또는 키워드를 굳이 '술어術語'라는 명칭을 붙여서 책 전체를 '술어집'이라 부르려고 한다. 일반적으로 '술어'는 그저 학술어를 나타내는 것으로 여겨지고 있다. 술어라는 말을 기꺼이 사용하는 이유는 무엇일까. 그것은 술어라는 단어가 기본 용어 혹은 키워드라는 단어보다도 말이 가진 역할, 말이 하는 기능을 잘 드러내주기 때문이다. 다시 말해 술어란 영어로 번역하면 테크니컬 텀technical term인데, 테크닉technique의 어원인 테크네techne에는 기술이나 방법이라는 의미가 있다. 그것을 개재시켜 사용함으로써 직접적으로는 밝힐 수 없는 것을 밝히는 활동이다.

기본 용어나 전문 용어가 가지는 그런 측면에 주목할 때 비로소 그다지 의미도 없는 것처럼 보이는 술어가 적극적인 의미를 띠게 된다. 왜냐하면 술어의 가장 좋은 기능이나 효용은, 일상의 말만으로는 잘 보이지 않던 숨겨진 현실이 그것을 통해 선명하게 보이게 되는 데 있기 때문이다. 예컨대 여기에 사물을 보는 견해의 규범을 나타내는 '패러다임'이라는 말이 있다. 자세한 것은 나중에 그 항목에서 다루겠지만 토마스 쿤에 의해 이러한 인식 방법이 과학사 안에 들어오게 되어 어떠한 지식도—과학 지식을 포함하여—역사성을 초월할 수 없다는 것이 아주 쉽게 보이게 되었다. (하긴 '패러다임'론 자체에 대해서도 그렇게 말할 수 있겠지만)

하지만 뒤집어 생각할 때 그렇게 사물을 보이기 쉽게 하는 기능은 특별히 술어나 전문 용어에 그치지 않고 일상의 말에도 있는 게 아닐까. 말이 말인 한 갖고 있는 기능이 아닐까. 확실히 그런 기능은 모든 말에 있다고 해도 좋다. 말, 즉 분절 언어란 세계 또는 현실을 이론화하고 로고스화하는 것이기 때문이다. 사물은 뭐든지 이름을 얻고 말을 얻을 때 확실한 윤곽을 짓게 된다. 예를 들이 하얀색과 검정색의 중간색 그대로는 그저 모호한 중간색에 지나지 않는다. 그런데 그게 일단 회색이라는 이름을 얻으면 막연한 것에서 아무튼 명확한 영역, 자립한 영역이 되는 것이다.

따라서 말이 가진 그런 이론화, 로고스화 작용이 한층 강해지고 이중화된 것이 술어이고, 그런 의미에서 술어란 말 속의 말이 된다. 그리고 시대가 큰 전환기에 처했을 때 세계를 독해하는 키워드로서 술어의 대규모 대체 또는 교체가 이루어진다. 일찍이 풍부한 의미로 빛났던 수많은 술어가, 정신을 차리고 보면 현저하게 그 빛과 의미를 잃고 그 대신 새로운 술어가 차례로 부상한다. 그중에는 새로 만들어진 것도 있지만, 옛날부터 있었다가 새로운 빛을 갖게 된 것도 있다.

물론 교체라고 해도 그것들이 일시에 모두 이루어지는 것이 아니라 옛날부터 있었고 여전히 농밀한 의미를 잃지 않는 것도 있고 새로 부상했다가 금세 사라져버리는 것도 있는 등 실로 다양하다. 그러므로 현대를 더욱 잘 독해하기 위한 기본적인 술어로서 어떤 것을 선택해야 하는지는 상당히 어려운 문제다. 유행어를 너무 안이하게 받아들이면 일시적인 유행을 노린 것이 되어버리고, 그렇다고 유행어를 대부분 잘라버리면 현대성과 동시대성을 잃게 된다. 하이쿠 시인 마쓰오 바쇼松尾芭蕉가 말하는 '불역유행不易流行'*을 그대로 여기에 가져올 수는 없겠지만, 내 입장에서 선택하면 역시 오래되었으나 새롭고, 새롭지만 오래된 말을 중심으로 선택하지 않을 수 없다.

더군다나 이런 술어집은 술어 하나하나를 자신 안에 내면화하지 않고, 단지 말을 설명한다고 해봐야 소용없을 것이다. 바꿔 말하면 이런 술어집은 많든 적든 '사가판私家版'으로서의 성격을 갖지 않을 수 없다. 그래서 용어terme의 선택도 내가 어떻게든 능숙하게 다룰 수 있는 것으로 한정하는 것도 당연하다. 또한 표제어에 대해서는 가능한 한 반대어나 관계어와 관련시켜 기술하고자 한다. 왜냐하면 말의 의미를 개별적으로 정의만 내리는 것보다는 콘텍스트를 중시하여 관련 용어와 서로 비교하는 것이 더욱 잘 해명될 거라고 생각하기 때문이다.

일반적으로 정의를 내리는 일이란 의미를 한정하여 용어를

---

* 마쓰오 바쇼가 주창한 하이쿠의 기본 이념으로, 언제까지고 변하지 않는 것을 잊지 않으면서도 새롭게 변화해가는 것을 도입해나가는 것을 말한다. 여기서 불역不易은 언제까지고 변하지 않는 것, 유행流行은 시대에 따라 변하는 것이다.

밝히는 것이며 개념을 분명히 하고 중의성을 없애려는 지향이다. 그러나 개념과 구별된 의미에서의 언어 수준이 문제가 될 때 개념을 분명히 하는 것만으로는 충분하지 않고, 그것과 함께 말로서 표현력을 갖는 것이 바람직하다. 표현에 의해 비로소 말은 그 본래의 동적 성격을 갖게 되기 때문이다. 정의定義에서는 통상 정의하는 말과 정의되는 말의 분리와 분열이 일어나고, 정의되는 말은 무슨 일이 있어도 냉담하게 대상화되어 마치 곤충의 표본을 만들 때 죽임을 당한 곤충이 핀으로 고정되는 것처럼 핀으로 고정되어 오로지 정태적으로 분석되는 데 그친다. 그런 정의의 양상에서 벗어나, 될 수 있는 한 표현의 방향으로 열어가고 싶다.

표현의 방향으로 열어간다는 것은, 간단히 말하자면 사전적인 성격을 넘어 통독할 만한 에세이집에 가깝게 하는 일이다. 용어를 아이우에오 순서로 늘어놓고도 그것이 얼마나 가능할지 모르지만, 이 책 전체가 그런 의미에서 하나의 에세이가 되었으면 싶다.

1. 아이덴티티

존재 증명 / 동일률 / 상보적 아이덴티티

얼마 전의 일이다. 전부터 알고 지내는 외국인 저널리스트로부터 전화가 왔다. 오랜만에 만나서 물어보고 싶은 것이 있다고 한다. 당장 만나서 잡담을 할 겨를도 없이 무슨 일이냐고 물었다. "현재 일본인의 내셔널 아이덴티티national identity는 대체 어디에 있을까?" 이야기에 따르면, 어쨌든 그는 지금 수많은 일본론을 정리하고 있는데 그 문제가 아무래도 확실하지 않아 내 의견을 묻고 싶다는 것이다. 예상치 못한 단도직입적인 난감한 질문에 나는 다소 주춤거렸다. 하지만 그래도 잠깐 생각하고 나서 그것은 흔히 말하는 '천황제'도 '풍요로운 생활'도 아니고 '일본어'에 있는 게 아닐까, 하고 대답했다. 그의 물음을 모호하게 얼버무릴 수는 없다고 생각했기 때문이다.

아이덴티티라는 영어를 번역하자면 아무래도 한 가지 말로는 안 된다. 실제로 심리학에서는 동일성, 사회학에서는 존재 증명, 철학에서는 주체성이라는 식으로—적어도 당초는—영역에 따라 다르게 번역되었다. 만약 하나의 번역어로 끝내려면 자기동일성이라는 말이 되겠지만, 그냥 이렇게만 번역하면 뜻을 제대로 모르는 경우가 많다. 오히려 역사적 연속성이나 인격적 동일성이라는 식으로 경우에 따라 달리 번역하는 것이 나을 것이다.

아이덴티티라는 말을 특별한 의미를 가진 술어로 처음 사용한—또는 보급시킨—사람은 에릭 에릭슨Erik H. Erikson이다. 그때 그는 바로 인격적 동일성과 역사적 연속성이라는 두 가지 의미를 표현하기 위해 사용했다. 에릭슨은 이렇게 말했다. "혹시 내 기억이 맞다면, 내가 처음으로 '아이덴티티의 위기'라는 용어를 쓴 것은 제2차 세계대전 중 '유대계 퇴역 군인 복귀 진료소'에서의 특수한 임상적 목적을 위해서였다. (……) 당시 우리의 진단으로는 환자 대부분이 탄환 충격증도 아니고 꾀병도 아니고 전쟁이라는 절박한 위험 상황 때문에 인격적 동일성과 역사적 연속성 감각을 잃은 것으로 생각되었다."(『아이덴티티—청년과 위기Identity: youth and crisis』, 1968)

그리고 그는 아이덴티티라는 인식 방법의 선구를 윌리엄 제임스William James(1842~1910)와 프로이트에게서 발견했다. 에릭슨은 이렇게 말했다. "내가 아이덴티티의 감각이라고 부르고 싶은 것은 살아 있는 균일성과 연속성의 주관적 감각으로서, 아내에게 보낸 제임스의 편지에 가장 잘 그려져 있다." 그것은 편지의 다음과 같은 부분이다. "인간의 성격이라는 것은 어떤 정신적 또는 도덕적 태도 안에서 확실히 드러납니다. 다시 말해 그런 태도 안에서 인간은 자신이 얼마나 적극적이고 생생하게 일에 대치할 수 있는가를 아주 깊고 강하게 느끼는 것입니다." 에릭슨에 따르면 여기서 제임스가 '성격'이라는 말로 표현한 것은 오히려 아이덴티티라 불러야 할 것이었다.

한편 프로이트에 대해 에릭슨이 원용한 것은, 프로이트가 유대인으로서의 문화적 아이덴티티를 확인하고 있는 진기한 편지의 한 구절이다. "유대 백성의 매력을 높이는 것이 산더미처럼 있습니다. 그 하나는 다양하고 희미한 감정의 힘인데, 이는 말로는 표현하기 어렵기 때문에 더 한층 강력하게 느껴지는 것입니다. 또 하나는 내적 아이덴티티에 관한 명확한 의식, 즉 유대인에게만 적합한 공통의 정신 구조와 결부된 편안한 사적私的 의식입니다." 그리고 프로이트는 유대인의 자랑할 만한 특징으로 "다양한 편견으로부터의 자유"와 "언제든지 야당측에 가담할 준비", 이 두 가지를 들었다.

에릭슨이 원용하는 제임스와 프로이트의 경우를 보면, 각자 자신이 자신인 것의 충실감(또는 근거) 및 문화적 공동체로의 귀속 감각을 보여주는 것으로서 아주 흥미롭지만 그것들은 또 아이덴티티라는 술어를 자기 이론의 키워드로 하는 에릭슨 자신의 아이덴티티(존재 증명)에도 도움이 되고 있다.

그래서 우리는 에릭슨에게만 사로잡히지 않도록 좀 더 다른 각도에서 이 말을 생각해보기로 하자.

아이덴티티라는 말은 에릭슨이 쓰기 훨씬 전부터 여러 분야에서 중요한 의미를 담아 사용되었다. 로 오브 아이덴티티law of identity라는 것도 있고, 아이덴티티 카드identity card라는 것도 있다. 그보다는 오히려 이것들의 관념과 결부되어 비로소 에릭슨식의 아이덴티티도 의미의 깊이를 갖게 된다. 물론 아이덴티티 카드란 그 사람이 바로 그 인물이라는 것을 증명하는 것, 즉 신분증명서를 말한다. 또한 로 오브 아이덴티티란 형식논리학에서 말하는 동일률(자동률), 즉 "A는 A다"라는 형태로 나타나는 것이다.

보통 일본인은 일본 안에서 생활할 때 신분증명, 신원증명이라는 것을 그다지 절실히 생각하지 않아도 된다. 신분증명서를 제시하라는 요구를 받는 것은 분실물을 찾으러 가거나 사채업자에게 돈을 빌리러 갈 때 정도일 것이다.(사채업자 이야기를 한 것은, 전철 안의 사채 광고에 "당신이 당신임을 증명하는 것을 지참해주세요"라는 말이 있는데 그것에서 강한 인상을 받은 적이 있기 때문이다.)

일본인이 일본 사회에 살며 그다지 신분증명서 같은 것

을 필요로 하지 않는 것은 어째서일까. 생각건대 그것은 일본 사회가 신분이나 신원을 뭔가의 증명서에 의해―그것만으로―증명하지 않아도 여러 가지 사회관계망으로 하여금 그것이 저절로 보여지게 되는 공동성이 강한 사회이기 때문일 것이다. 그만큼 여권을 가지고 외국을 여행하거나 외국 땅에 체재될 때 "자신이 자신인 것"의 증명이 적어도 형식적으로 또는 정식으로는―국가에 의해서만 이루어지는 것에 기이한 느낌을 받는다. 그리고 생면부지의 사람밖에 없는 외국에서 "자신이 자신인 것"을 여권 없이 증명하는 것이 얼마나 어려운 일인지 뼈저리게 느낀다. "자신이 자신인 것"은 자신이 가장 잘 알고 있다고 해도 자신은 타인에게 그것을 증명할 수 없다. 이런 패러독스가 있는 것이다.

또한 "자신이 자신인 것"을 자신이 증명할 수 없다는 것은 자신의 존재를 자신이 근거 지을 수 없다는 문제와도 통한다. 그리고 그 문제를 생각할 때 우선 간과할 수 없는 것은 레잉 Ronald David Laing(1927~1989, 『자기와 타자The Self and Others』, 1961, 1969) 등이 말하는 상보적 아이덴티티라는 사고다. 즉, 레잉은 다음과 같이 말했다. "여성은 아이 없이 어머니가 될 수 없다. 그녀는 자신에게 어머니로서의 아이덴티티를 부여하기 위해 아이를 필요로 한다. 남성은 남편이 되기 위해 아내를 필요로 한다. 애인이 없는 연인은 자칭 연인에 지나지 않는다. 보기에 따라서는 비극이기도 하고 희극이기도 하다. '아이덴티티'에는 모두 타자가 필요하다. 누군가 타자와의 관계에서, 또는 관계를 통해 자기라는 아이덴티티가 현실화되는 것이다." 이 사고에 의해 아이덴티티 문제는 역할 문제로도 이어진다.

2. 놀이

어린아이 두 명이 작은 공원의 모래밭에서 놀다가 서로 모래를 끼얹게 된다. 주위에서 지켜보고 있던 어른들은, 아이들이 울기 시작하면 놀이가 더 이상 놀이가 아니게 되고 싸움이 진지해졌다(진심이 되었다)며 말릴 것이다. 하지만 어디까지가 놀이이고 어디서부터 진심인가 하는 경계를 가리는 일은 어려운 문제다. 그래도 놀이와 진심의 차이는 결정적인 의미를 갖고 있다.

이처럼 놀이와 진심(진지함)이라는 이분법은 놀이(유희)를 생각하는 데 기초적인 것이지만, '놀이'와 대비되는 다른 주요한 것으로 노동과 유효성이 있다. 그리고 여기에서 놀이가 근대 세계의 '프로테스탄티즘'적인 생산노동의 정신과 얼마나 상반되며 근대 세계 안에서 왜 경멸당해왔는지를 짐작할 수 있다. 한편 진심·노동·유효성이라는 일상적인 것과의 대비에서 '놀이'와 이어지는 것은 비일상인 '연극'이며 '축제'다.

하지만 '연극'이나 '축제'와 '놀이'의 결부를 밝히기 전에 '놀이'란 무엇인가를 파악하는 요점 몇 가지를 말해두기로 하자.

하나는 처음에 말한 아이들끼리 모래 장난을 하는 예와도 관련되는데, 외견상 서로 주고받는 행동이 아무리 심해도 놀이의 경우에는 '이건 놀이다'라는 메시지를 어떤 형태로든 서로에게 보여준다. 그것을 보여줄 여유가 없어질 때 놀이는 진심(진지함), 즉 싸움이 되는 것이다. 그레고리 베이트슨(『놀이와 판타지 이론』, 1955)은 '놀이'란 '이건 놀이다'라는 메타 레벨의 커뮤니케이션을 포함한 행위라고 말했다.

이는 얼핏 아무것도 아닌 것, 간단한 것처럼 보이지만 실은 상당히 고차적인 활동이다. 왜냐하면 '이건 놀이다'라는 메시지는 에피메니데스Epimenides의 역설―즉 "'모든 크레타인은 거짓말쟁이다'라고 어떤 크레타인이 말했다"―과 비슷한 진술의 자기모순성을 돌파하는 효과를 갖고 있기 때문이다. 바꿔 말하면 그냥 순수하게 놀고 있을 뿐 아니라 그것을 객관화 또는 이화異化하는 눈을 포함하고 있는 것이다.

또 하나는 '놀이'가 아주 자유로운 활동이라는 것이다. 이 점을 강조하는 이는 요한 하위징아(『호모 루덴스』, 1938)다. 그는 이렇게 말했다. 놀이란 확실히 정해진 어떤 시간·공간에서 이루어지는 자발적인 행위나 활동이다. 그것은 자발적으로 받아들인 일군의 규칙을 따르고 있다. 그리고 그 규칙은 일단 받아들여지면 절대적인 구속력을 갖는다. 또한 놀이의 목적은 뭔가에 봉사하는 것이 아니라 놀이 행위 그 자체에 있다. 그것은 긴장과 기쁨의 감정을 동반한 비일상적인 행위라고 말이다.

여기에는 헌신 생활과는 다른 차원의 자발적인 규칙에 기초한 자유로운 활동이라는 놀이의 성격이 잘 포착되어 있다. 하지만 놀이를 인식할 때 성가신 것은, 한마디로 놀이라고 해도 그 안에 어떤 것을 넣을 수 있을까 하는 점이다. 바꿔 말하면 놀이를 분류하는 기준으로 무엇을 내세울 수 있을까 하는 점인 것이다.

그런 점에서 귀중한 분류를 시도한 이가 로제 카유아Roger Caillois(『놀이와 인간』, 1958)였다. 그는 경쟁, 우연, 짓시늉, 현기증이라는 네 가지 요소를 중시하고 그중 어느 것이 우세한가에 따라 놀이를 분류하자고 제안했다.

첫 번째는 '아곤'이라 불리는 경쟁을 주로 한 놀이다. 여기에서의 경쟁이란, 단 한 가지의 성능(속도, 강도, 기술 등등)만을 문제로 한다. 두 번째는 '알레아', 즉 주사위 놀이라 불리는 것이다. 이는 원래 놀이하는 사람의 능력에 따르지 않는 결과로 구성되어 상대에게 이긴다기보다는 오히려 운으로 이기는 것에 주안점을 둔다. 왜냐하면 모든 것이 운에 맡겨져 있기 때문이다. 세 번째는 '미미크리', 즉 짓시늉 놀이다. 이는 각자가 뭔가 다른 것을 연기하고 다른 것이 되었다고 믿는 놀이로, 인간 이외의 동물 중에도 있다. 네 번째는 '일링크스', 즉 현기증 놀이다. 이는 현기증의 쾌감을 추구하는 놀이로, 전형적으로 회전이나 낙하 등 급격한 운동에 의해 자기 안에 기꺼이 혼란 상태를 불러일으키는 것이다.

이 분류가 대단히 귀중한 것은 놀이나 유희 안에 경쟁이나 운에 의한 승부와 관련된 것만이 아니라 흉내(짓시늉)나 회전, 낙하 같은 신체성과 관련된 것까지 시야에 넣었다는 점이다.

그래서 이번에 말하는 것은 '놀이'와 '연극'의 관계인데, 우선 놀이의 정신은 연극에 불가결한 것이며 ― 그러므로 교양주의는 연극에서 거리가 멀다 ― 연극에서 놀이의 정신은 가장 의식적, 구조적으로 나타난다. 그것을 단적으로 보여주는 것은, 근대 지식의 근본적인 비판자인 니체가 "근원적인 기쁨이 넘치는 흐름" 또는 "절대 자유의 표현"으로 존재의 유희를 보는 점과 함께 다른 한편으로 '비극의 탄생'을 디오니소스(바쿠스) 축제의 사티로스 코로스를 모방하는 데서 시작되는 것으로 파악하는 점, 즉 놀이와 연극을 근원적으로 일체를 이루는 것으로 파악하는 점일 것이다.

그리고 이 코로스 부분이야말로 연극에서 대화의 모태이고, 따라서 극적 세계에서 가장 근본적인 것이라는 이야기가 된다.

또한 니체가 굳이 소크라테스를 극단적인 이론적 인간으로 파악하고 그 지식의 양상을 부정하며 자신의 '즐거운 지식'을 내놓은 것은 지식의 영역에서도 인간의 근원적인 삶과 자유를 체현하는 놀이와 연극을 되찾으려고 했기 때문이다.

한편 '축제'는 사회의 연극화, 아니, 연극의 가두화街頭化라고도 할 수 있을 것이다. 어기서 바로 일상 세계의 진실·노동·유효성(능률)이라는 여러 원리가 전도되고, 혼돈과 에너지로 가득 찬 비일상적인 세계가 출현한다. 우리는 그 전형적인 예를 야마구치 마사오山口昌男(「도시와 축제」, 1973)가 전하는 옥스퍼드 거리의 세인트자일스 축제에서 볼 수 있다.

다시 말해 세인트자일스 축제에서 거리는 수호성인의 이름에 따라 일상생활의 커뮤니케이션을 위한 통로라는 기능을 멈추고 다른 커뮤니케이션을 위한 광장으로 변한다. 근대적인 자동차는 이 공간에서 추방되고 그 대신 등장하는 것은 극채색으로 채워진 고물 수레다. 구식 디자인의 흥행 가건물과 축제적인 가건물이 큰 무리를 이루고 평소에 조용했던 중심가가 시끄럽게 변한다. 사람들은 여기에서 많이 먹고, 많이 마시고, 많이 웃으며 뭔가 다른 사람으로 변신한다. 이곳을 지배하는 것은, 모든 의미에서 사람들을 평소의 얌전함이나 정해진 규칙에서 꾀어내기 위한 장치이다.

'놀이' '연극' '축제'에 대해 오늘날의 사람들이 정당하게 관심을 갖게 된 것은 좋은 일이다. 하지만 그만큼 그것들이 자발성이나 이화異化를 결여하고 상업주의화하며 타성으로 빠질 위험성 또한 크다.

3. 유비

아이덴티티 혼미 / 젠더 아이덴티티 / 면역

아이덴티티(자기동일성) 문제에는 여러 가지 역설이 있는데, 동일률(자동률)인 "A는 A다" 역시 자기 안에 역설을 내포하지 않을 수 없다. 왜냐하면 "A는 A다"라는 형식을 취한 명제가 현실 세계 안에서 단순한 동어반복 이상의 것으로 적극적인 의미를 가지려면 그것은 저절로 "A는 A´다", 즉 "A는 A가 아니다"가 될 수밖에 없기 때문이다. 보통 개인의 인격적 동일성으로 간주되는 것에 대해서도 그렇게 말할 수 있다. 한 사람의 어제와 오늘은, 또 오늘과 내일은 완전히 동일한 것이 아니기 때문이다.

동일률은 모순율("A는 A 아닌 것이 아니다")이나 배중률("A는 B도, B 아닌 것도 아닐 수는 없다")과 함께 형식논리학의 3대 법칙으로 불리지만, 뒤의 둘은 동일률이 변형된 것이며 형식논리학을 지배하는 것은 동일률이다. 그런 것으로서 동일률이 관철된 세계는 비생명적이며 무서운 세계다. 살아 있다는 것은 동일성의 끊임없는 타파, 차이의 산출에 있고 동일률적인 논리의 강요는 삶을 억압하지 않고는 내버려두지 않는다. 하니야 유타카埴谷雄高가 "동일률의 불쾌감"(『불합리하기 때문에 나는 믿는다』, 1962)이라 부른 것은 그런 사태였다.

하니야는 이렇게 썼다. "빈사賓辭 '이다'의 마력에 대해 고민한 끝에 나는 어떤 이상함으로 다가가는 자신을 희미하게 느꼈다." "내가 '동일률의 불쾌감'이라 불렀던 것, 그것을 지금 말해야 할까." "그 확실함을 알면 알수록 우리는 불쾌감에 지탱되고 있는 자신을 알 수 있다." "행성이 행성이라는 것이란 무의미하다는 것은 또 무의미할 것이다." 이런 말에는 '동일률의 불쾌감'을 어떻게든 벗어나려는 몸짓이 잘 드러나 있다.

동일률이 파탄 나는 데서 나오는 주목할 만한 것으로 '유비類比, analogia'의 논리가 있다. 이 논리에 대한 착안은 일찍이 서양 고대 세계의 붕괴 안에서 아우구스티누스에 의해 이루어졌는데, 에릭슨이 말하는 아이덴티티가 혼미identity diffusion한 현대에서 관계의 동일성—실체의 동일성이 아니라—으로서 새로운 의미를 갖게 된다.

아우구스티누스는 현실 세계, 인간 세계에서의 동일률 관철에 의심을 품고 동일률인 "A는 A다"를 신에게만 어울리는 모습이라고 했다. 그에 따르면 "피조물에 대해서는 단지 있었다거나 있을 것이라고만 말할 수 있고, 결코 있다고는 말할 수 없다". 왜냐하면 그것이 존재하기 이전에 그것은 없었고, 그것이 존재할 때 그것은 사라져가기 때문이다. 동일률은 있음(존재)의 세계에서 사유와 존재의 기본 원리였다. 그것을 생각하면 아우구스티누스의 있음의 부정이 갖는 의미는 무척 크다. 있음의 원리를 부정함으로써 현실 세계, 그 인간이나 사물이 존재 근거와 자기동일성을 잃게 되기 때문이다.

　존재 근거의 상실은 실제로 있는 나를 내가 아니게 한다. 나는 나였다고, 나일 것이라고 할 수는 있다. 하지만 나다라고는 할 수 없게 된다. 이런 상황에 이르렀을 때 현실에 잘 합치된 사고로서 어떤 사고가 생겨난 것일까. 그것은 "나는 나다"나 "A는 A다"라는 것에서 출발하고 그것을 통해 관계 안에 있음과 동일성을 회복하는 사고다.

　다시 말해 "A는 A가 아니다"나 "나는 내가 아니다"라는 사태에서는 이 현실 세계에 있는 것은 자립적으로 존재하는 것이 아니다. 진실의 있음(존재)을 유비적으로 보여주는 것이다. 이 '유비의 논리'는 진실의 있음(존재)인 신과의 관계에서 현실 세계를 파악한 것인데, 유비라는 관계를 현실의 존재 양태로서 파악한 의미는 크다. 왜냐하면 더 나아가 거기에 진실이 있음(존재)을 최초로 상정하지 않아도 서로 유비 관계에 있는 일군의 있음에 의해 서로를 근거 지을 수 있는 길이 열리기 때문이다. 그리고 연극이 허구의 모임을 통해 실재를 표현하는 것도 유비의 논리를 체현하고 있기 때문이다.

하지만 아이덴티티라는 술어와 관련된 문제 범위는 '아이덴티티' 항목 및 이 항목의 앞부분에서 봐온 것에만 그치지 않는다. 그런 점에 관해 적어도 나머지 두 가지 문제를 언급해둘 필요가 있을 것이다. 하나는 '젠더 아이덴티티'의 문제이고 또 하나는 '면역'이라는 현상 안에서 보이는 살아 있는 몸인 자기와 타자의 구별 문제다.

젠더 아이덴티티gender identity란 한마디로 생물학적 또는 문화적 사실로서의 성性 선택을 말한다. 이 개념의 최초 제창자 존 머니John Money와 퍼트리셔 터커Patricia Tucker는 그들의 공저에서 젠더 아이덴티티의 중요성을 언급하며 다음과 같이 썼다. "둘이 아닌 개인인 자신이 이런 자신이라는 확실한 인식―아이덴티티―은 당신의 본질이고 그 핵심에는 남성 또는 여성으로서의 자신은 이런 자신이라는 인식―'젠더 아이덴티티'―이 존재한다. 이 젠더 아이덴티티는 당신 아이덴티티의 지주이고 또 건전한 감정을 유지하는 닻이기도 하다. 젠더 아이덴티티는 당신이 품은 사랑이나 증오, 또는 일이나 놀이, 그 밖의 사람들과의 모든 인간관계 안에 반드시 확실하게 존재한다."(『성의 서명―다시 묻는 남성과 여성의 의미Sexual Signatures on Being a Man or a Woman』, 1975)

이 젠더 아이덴티티가 인간으로서의 아이덴티티(자기동일성)의 핵심에 있다는 것은, 남성과 여성이라는 세계의 원초적 분할이 개인의 아이덴티티의 기초에 있다는 것을 보여주는 것으로 생각하게 되는 이야기다.

또 하나인 '면역'은 평소에 그다지 아이덴티티 문제와 관련되는 일이 없다. 그러나 오스트레일리아의 바이러스 학자인 프랑크 버넷Frank Macfarlane Burnet의 자기-비자기 개념을 도입하여 면역 기능의 통일적 파악을 발전시킨 고바야시 노보루小林登가 파악한 방법을 보면 면역 기능이 아이덴티티 문제와 결코 무관하지 않다는 것을 알 수 있다. 고바야시는 면역이 무엇인지를 요약해서 이렇게 썼다.

"면역이란 생체가 자기 몸의 구성 인자를 자기self로 인식하고 바깥에서 몸 안으로 침입한 비자기not self를 자기로 감별하여 자기 본래의 모습integrity을 유지하기 위해 비자기에 대해 생물학적 연쇄반응을 수행하고, 나아가 그것을 기억하는 본질적인 생체 기능이다." 좀 더 부연하자면 면역이라는 생체 기능은 1. 자기와 비자기의 감별, 특히 자기의 생체 내에 발생한 비자기(예컨대 암세포 등)에 대한 감별, 2. 비자기에 대해 자기의 항상성을 유지하기 위해 행하는 생물학적 연쇄반응, 3. 감별된 비자기를 생체의 면역계가 기억하고 그 후에도 그 비자기에 기민하게 대처하는 것, 이 세 가지를 포함하고 있다.(『'나'의 포토그래피―자기-비자기의 면역학』, 1980)

　자기와 비자기의 구별에 의한 자기 아이덴티티(완전성)의 확립이라고 해도 원래 면역학에서의 그것은 세포 차원, 생리학 차원의 것이다. 그러므로 면역 기능의 문제는 바로 그대로 인간의 여러 과학이나 철학에서의 아이덴티티 문제와 결부되는 것은 아니지만, 세포에 이미 자기와 비자기의 엄격한 감별 기능이 있는 것은 아이덴티티 문제, 특히 자기-타자 관계의 문제에 새로운 힌트를 주게 될 것이다.

4. 암묵적 지식

패턴 인식 / 거주 / 공통감각

"대체로 말해질 수 있는 것은 분명히 말해질 수 있는 것이다. 그리고 논할 수 없는 것에 대해서는 침묵해야 한다."

"철학은 말해질 수 있는 것을 분명히 서술함으로써 말해질 수 없는 것을 의미하는 일이 있을 것이다."

이 둘은 비트겐슈타인(『논리철학 논고』, 1921)의 아주 유명한 말이다. 여기서 보이는 것은 철저한 논리주의에 의한 언어적 명시화에 대한 의지인데, 결과적으로는 간접적으로 논할 수 없는 것, 말해질 수 없는 것을 떠오르게 하는 점이 보통의 논리주의자와 다르다.

비트겐슈타인의 이런 말과 대비할 때 문제의 중요성이 한층 확실해지는 것은 마이클 폴라니(『암묵의 영역The Tacit Dimension』, 1966)의 다음과 같은 말이다.

"우리는 말할 수 있는 것보다 많은 것을 알 수 있다."

이 언명이 흥미로운 것은 아는 것 또는 지식의 가능성을, 말하는 것＝언어에 의한 명시화의 한계를 넘어 분명히 인정한 점이다. 또한 그것이 물리화학에서의 빛나는 업적을 가진 과학철학자에 의해 말해진 점이다. 그리고 이렇게 말한 이상 그것이 어떤 것인지를 보여준 다음 그 근거를 대야만 한다.

마이클 폴라니가 암묵적 지식tacit knowing이라고 부른 이 지식의 양상은 현재 '패턴 인식' '공통감각 지식' '임상 지식' 등과도 관련되며 큰 문제를 안고 있다.

그렇다면 '암묵적 지식'이란 어떤 내용을 갖고 있을까. 그가 든 예에 따르면 우리가 어떤 사람의 얼굴을 알고 있다고 하자. 그것은 다른 무수한 사람들의 얼굴과 구별하여 그 사람의 얼굴을 인지할 수 있다는 뜻이다. 그런데도 우리는 보통 그 얼굴을 다른 것으로부터 구별하여 어떻게 인지하는지를 말할 수 없다. 사진에 의한 범인의 얼굴 몽타주 같은 방법이 있지만, 그 경우에도 범인의 인상을 결정하기 위해서는 말할 수 있는 것 이상을 그에 앞서 우리가 알고 있어야 가능하다. 그러한 지식의 양상은 사람의 얼굴에서 그의 기분을 인지할 때, 그리고 병의 증세, 암석의 표본, 동식물 등을 식별할 때도 그렇게 말할 수 있다.

이러한 지식의 양상은 게슈탈트 심리학의 사고와 일맥상통하는 점이 있는데, 여기서는 특별히 경험의 능동적 형성이나 통합에 중점이 놓인다. 과학상의 발견, 예술상의 창조, 명의의 진단 기술 등의 기예적 능력은 모두 이 암묵적 지식에 근거한다.

이런 까닭에 암묵적 지식에서는 대상의 전체와 부분의 관계가 큰 의미를 갖는데, 그보다 더 중요하게 여겨지는 것은 구리모토 신이치로栗本慎一郎(『부다페스트 이야기』, 1982)도 강조하는 것처럼 이 지식에서 우리의 신체가 관여하고 또 거기에 거주 dwelling in하는 일이 일어난다는 것이다. 우선 신체의 관여에 대해 폴라니는 "지적이든 실천적이든 외계에 대한 우리의 모든 지식에서 그 궁극적인 장치는 우리의 신체다"라고 단언한다. 거주란 무엇인가 하면, 여러 부분으로 구성되는 사물의 전체적인 의미를 이해하려고 할 때 여러 부분을 외측에서 보는 것이 아니라 그 전체 안에 거주하는 것이다. 그리고 그때 여러 부분은 우리의 신체 안에서 통합된다. 우리의 신체가 여러 부분을 내면화하는 것은 곧 전체 안에 신체적으로 거주하는 일이다.

이렇게 암묵적 지식의 입장에 설 때 한없이 명석함을 요구하는 것은 복잡한 대상을 이해할 때 방해가 된다는 사실을 알수 있다. "하나하나의 세부는 더욱 확실하게 파악되기 때문에 그것들을 앎으로써 사물 전체에 대해 진정한 관념이 얻어진다고 생각하는 것은 근본적으로 잘못된 신앙이다." 이러한 암묵적 지식의 사고는 모든 지식의 불가결한 부분을 이루고 있고, 과학적 발견 역시 그것에 이끌리는 것이다. 확실히 우리는 미지의 사항에 대해서는 명시적 지식이 전혀 없으므로 과학적 진리에 대한 어떠한 명시적 정당화도 있을 수 없다. 그러나 우리는 문제의 소재를 알 수 있기 때문에, 또한 그것이 감춘 뭔가를 지시하는 걸 감지할 수 있기 때문에 과학적 발견의 숨겨진 내용에 대해 감지할 수 있는 것이다.

마이클 폴라니의 이러한 '암묵적 지식'은 전前 언어적인 지식이 갖는 가능성과 적극적 의미를 종횡으로 고찰한 것으로서 주목할 만하다. 그리고 그것은 비언어적이고 현시적인 지각을 포함하는 것으로, '패턴 인식'이라 일컬어지는 것과 관련된다. '패턴 인식'의 경우 재미있는 것은 "'모든 것'은 패턴 인식이다"라고 와타나베 사토시渡辺慧(『인식과 패턴認識とパタン』, 1978)가 말했다는 점이다.

즉, 패턴이란 넓은 의미에서 틀型을 말하며 패턴 인식, 즉 패턴을 인식한다는 것은 모든 사고의 공통 기반에 있는 가장 기본적인 마음의 움직임이다. 예컨대 "이것은 고양이다"라는 간단한 판단에서부터 "지상에서 던진 물체는 포물선을 그린다"라는 물리적인 정리에 이르기까지 모든 개개의 사물을 유형에 적용시키는 것, 즉 패턴을 인식하는 것일 수밖에 없다. 그러므로 고대 그리스의 철학자들은, 패턴이라는 말은 쓰지 않았지만 이미 그것을 철학의 한 가지 중심 문제로 삼았다. 플라톤의 이데아도, 아리스토텔레스의 질료에 대한 형상도 이 문제에 대한 회답이었다. 또한 중세의 '실념론實念論'과 '유명론'의 보편논쟁(보편은 실제로 존재하는지 사유로만 존재하는지에 대한 논쟁)도 패턴 인식의 본질에 관한 논쟁이었다. 또한 근대 철학자 중에서는 특히 흄이 일반 개념을 귀납, 즉 연상으로 이루어진 것이라고 한 것이 그것과 관련된다.

여기서 아주 흥미로운 것은 리처드 겔위크Richard Gelwick(『마이클 폴라니의 세계The Way of Discovery: An Introduction to the Thought of Michael Polanyi』, 1977)가 고대 그리스 이래의 철학사 중에서 암묵적 지식의 차원을 용인한 것은 마찬가지로 플라톤, 아리스토텔레스, 그리고 흄이었다고 말한 점이다. 폴라니 자신도 말한 것처럼 "지각은 가장 빈약한 형태의 암묵적 지식에 지나지 않는다"고도 할 수 있기 때문에 앞의 일치는 하나의 기준을 보여준 것에 지나지 않겠지만 말이다.

'패턴 인식'보다도 실질적으로 '암묵적 지식'과 깊이 맞닿아 있는 것은 오히려 내가 말하는 '공통감각' 지식일 것이다. 공통감각 자체의 자세한 내용은 다른 항목(17. 코먼 센스)에 넘기기로 하고 여기서는 일단 그것이 체성 감각(촉각과 운동 감각)을 기본형으로 한 오감의 통합이고 상상력과 같은 차원의 전前

개념적인 지식을 떠맡는 것이라는 점을 말하는 것에 그치기로 하자. 또한 공통감각의 작용으로 사물이나 세계가 파악될 때 거기서 중요한 의미를 갖는 것은 심벌리즘(상징 표현)과 코스몰로지(우주론), 퍼포먼스(신체 행위)이지만, 그런 여러 요소들은 의학적 임상이나 인류학적 필드워크에서 특히 중요성을 띠기 때문에 그러한 지식은 '임상 지식'(자세한 것은 '임상 지식' 항목을 참조)이라 불린다. '암묵적 지식'은 '임상 지식'에서 가장 잘 체현되는 것이 아닐까.

5. 이상

정상 / 이성·광기 / 근원적 자연

사실은 많은 어려운 문제를 포함한 문제인데도 일반적으로 '정상'과 '이상'의 구별만큼 간단히 생각되는 구별도 많지 않다. 간단히 생각된다기보다는 기꺼이 간단히 생각하려고 한다고까지 말할 수 있을 정도다. 간단히 생각하려고 하는 것은 자신의 몸을 정상 쪽에 두고 이상과의 사이에 확실한 선을 그으려고 하기 때문이다. 이상한 것과의 구별에서 자기가 정상인 것을 확립하기 위한 것이라고도 할 수 있다. 거기에 있는 것은 이상한 것에 대한 두려움과 불안 및 그것들에 기초한 배제일 것이다.

알기 쉬운 예는 '마녀사냥'―좁은 의미에서의 마녀사냥만이 아니라 '빨갱이 사냥' 등도 포함한 넓은 의미에서의―이다. 거기서 사람들은 자신에게 마녀(또는 요술사)라는 표시가 붙고 그렇게 간주되는 것이 두려워 마녀를 찾는다. 또는 누군가 수상한 점이 있는 타인을 마녀로 만들어낸다. '마녀사냥'에 협력하면, 그것도 열심히 협력하면 자신이 마녀가 아니라는 증거라도 되는 것처럼. 그런 구조 또는 관계 안에서는 마녀의 실재성 따위는 아무래도 좋은 이차적인 것이 되어버리고 그저 구별하기 위한 기호―이를테면 내용 없는 공백의 기호―가 있다면 그것으로 좋은 것이 되기도 한다.

개념으로 말하자면 '이상'이란 정상적인 규준에서의 일탈일 수밖에 없지만, 물론 그저 그렇게 말하는 것만으로는 끝나지 않는다. 왜냐하면 기무라 빈木村敏(『이상의 구조』, 1973)도 지적한 것처럼 그 정상적인 규준이라는 것이 양적인 평균치나 수적 다양성에 기초할 뿐 아니라 질적으로 가치 규준과 관련되기 때문이다. 정상에 대한 이상을 근거 지을 수 있는 것이 있다면 양적 평균치와 수적 다양성에 기초한 규준에서의 일탈뿐인데도 실제로 거기에는 무슨 일이 있어도 질적인 가치 규준이 들어가는 것이다.

기무라는 이렇게 말한다. 예컨대 인간의 지능을 재는 지능지수IQ라는 방식이 있고, 지능지수 100을 중심으로 85에서 120 정도의 사람이 정상적인 지능의 소유자라고 간주되고 있다. 하지만 그 정상적인 규준에서 일탈하는 것은 모두 이상으로 간주되느냐 하면 꼭 그렇지는 않다. 평균치를 크게 밑도는 지능의 소유자에 대해서는 쉽게 '이상'이라는 레테르를 붙일 수 있는 경우가 거의 없다. 다시 말해 거기에 저절로 질적인 가치 규준이 들어가, 이상이란 정상적인 규준에서 일탈한 것 가운데 특히 바람직하지 않은 자, 열등한 자를 가리키게 된다.

거듭 말하자면 이상이 가리키는 바람직하지 않은 자는 반드시 열등한 자라고는 말힐 수 없다. 예컨대 텔레파시, 염력 등의 초심리학 영역에서 이상 소질을 가진 사람에 대해 생각해보면 이런 사람들이 정상에서 구별되는 것은 그들이 대다수 사람들이 갖고 있지 않은 특별한 능력을 갖고 있기 때문이다. 그들 초능력자들은 그런 남다른 능력 때문에 평범한 일상 세계, 상식 세계의 주민들로부터 수상쩍은 자, 불안감을 주는 자로 간주된다. 그래서 그들은 자주 정신병자와 동일시될 뿐 아니라 일찍이 마녀나 악마로서 박해받은 일이 많았던 것이다.

이린 사정이라 '정상'으로부터 '이상'을 구별하는 것은 원래 양적 평균치나 수적 다양성에 기초한 규준에서의 일탈에 의해 보여져야 하는 것이지만, 그것에만 그치지 않고 거기서 저절로 열등한 자, 수상쩍은 자, 불안감을 주는 자, 병적인 자라는 질적 가치 규준에 의한 평가가 들어오지 않을 수 없다. 그러므로 사람들이 기꺼이 자신을 정상이라고 하는 것은 양적 평균치나 수적 다양성을 근거로 하면서 한편으로는 수상쩍은 자, 불안감을 주는 자, 병적인 자로부터 자신의 몸을 지키고, 동시에 다른 한편으로는 열등한 자로부터 자기를 구별함으로써 자신의 우월성을 확립하기 때문이라는 이야기가 된다.

그리고 바로 그 점에서 '정상'과 '이상'이라는 구별은 근대 합리주의 문명 안에서의 '이성'과 '광기'라는 구별 또는 분할로 가장 잘 체현되고 있다. 이성과 광기라는 구별은 이성에 반하는 것은 모두 광기라고 하는 사고에 기초하고 있다. 그리고 그 전제가 되는 것은 이성을 유일하고 보편적 것이라고 보는 사고이고, 거기서 사람들은 이성과 광기―나아가서는 정상과 이상―를 구별하는 원리가 절대적인 것이 아니라는 것, 또한 그런 분할 원리가 인간에 의해 설정된 제도적인 것이라는 점을 인정하려고 하지 않는다.

그러나 이성을 실체화하면서 유일하고 보편적인 것이라고 하는 것은 근대 지식의 도그마 가운데 하나였다고 해야 한다. 그리고 이성과 광기―나아가서는 정상과 이상―의 구별이나 분할은, 미셸 푸코(『광기의 역사』, 1961)도 지적하듯이 근대 산업 사회가 요청하는 분할 원리, 즉 노동과 나태(무위), 경제적 유용성과 무용성에 의해 이루어졌다.

푸코는 다음과 같이 말했다. 중세 말기 이래 유럽의 인간은 그들이 막연히 '광기'라든가 '착란'이라든가 '비이성'이라고 불렀던 어떤 것과 계속해서 깊은 관계를 가져왔다. 서양의 지식이 가진 깊이는 아마 그 어둠을 내포한 것의 현전에 뭔가를 빚

지고 있었을 것이다. 그런데 근대에 들어 '광기'와 '이성'은 점차 분리된다. 특히 고전주의 시대 또는 이성의 시대라 일컬어지는 17, 18세기가 되면 이성과 광기란 상호 대화와 커뮤니케이션조차 할 수 없게 된다. 그리하여 광기나 광인은 시민 생활에서 배제되고, 그들은 시민권을 잃고 두꺼운 벽 안에 감금된다. 그것도 빈곤자, 부랑자, 경범죄자들과 함께.

즉, 광기나 광인이 이성이나 질서에서 배제되고 감금되어갈 때 광인들은 새로운 범주 안으로 분류되고, 여기서 이성에 반한 자들이 질서(사회적·도덕적 질서)에 반한 자들과 동일시되기에 이르렀다. 이 경우 광인들을 시설에 수용하는 것은 치료를 위해서가 아니라 그들을 시민 생활에서 격리하며 무위 상태로 내버려두지 않고 노동에 종사시키기 위해서였다. 이렇게하여 노동과 무위(나태)란 '이성의 시대'에서 이성과 광기 각각에 겹치며 근본적인 '분할'을 형성한 것이다.

푸코의 이런 고찰이 대단히 시사적인 것은 근대 산업사회의 가치관이 광기와 이성(제정신)의 분할만이 아니라 이상과 정상의 분할에서도 일관되게 보이는 것을 밝힌 점이다. 그리고 이제 우리는 광기나 이상을 자기 밖의 사람들이 아니라 자기 내부에서 봐야 할 것이다. 왜냐하면 광기란 바로 인간의 근원적인 자연으로서 누구에게도 있는 것이고, 이상이란 일상적인 규범 또는 질서를 깨고 나타나는 근원적 자연의 괴이한 모습이기 때문이다.

6. 에로스

타나토스 / 섹스 / 젠더

'플라토닉 러브'라는 말이 있다. 보통 그 말은 오로지 정신적인 연애, 청정한 사랑이라는 의미로 이해되고 또 그런 의미로 쓰인다. 그런데 한스 켈젠(『플라토닉 러브Die platonische Liebe』, 1933)이 밝힌 것처럼 그것은—적어도 원래는—놀랍게도 '동성애' '남자끼리의 성애', 특히 '소년애'를 말했다. 그리고 켈젠은 "플라톤의 이 에로스는 일찍이 철학에 대한 충동을 은유적으로 표현한 것에 지나지 않는다고 해석되었다. 사람들이 새침데기 같은 해석의 오류를 분명히 지적할 용기를 갖게 된 것은 극히 최근의 일이다"라고 말했다. 이 말이 쓰인 것은 지금으로부터 50년이나 전의 일이지만, 그래도 이 이야기는 우리를 놀라게 하고 '에로스' 문제가 잘 보이지 않는다는 것을 통감하게 한다.

그렇게 잘 보이지 않는 에로스 문제를 우리 인간 앞에 대담하게 제시한 것은 누가 뭐래도 정신분석을 통해 성적 억압을 해명한 프로이트다. 그리고 후기 프로이트는 에로스 또는 성을 삶의 본능으로서, 죽음의 본능인 타나토스와 대립시켜 파악한다. 좀 더 파고들면 에로스는 근본적으로 자기 이외의 대상과 합일하려는 욕구다. 하지만 에로스는 원래 자기애의 활동이었다. 그렇다면 왜 타자와의 합일을 요구하게 되는 걸까. 그것은 타자와 합일하는 힘으로서의 사랑이 자아와 쾌락의 원천 사이를 관계 짓는 것이기 때문이다.

한편 프로이트는 타나토스를 세 가지 측면에서 파악한다. 1. 모든 유기체는 생리적으로도 심리적으로도 긴장의 포기와 비활동 상태(항상 상태)를 요구한다. 이런 사고에서 보면 프로이트가 말하는 '쾌락 원칙'은 죽음의 쌍둥이인 '열반 원칙', 즉 영원의 안식을 찾는 지향으로 나타난다. 2. 인간의 기본적인 경향으로서 반복 강박이 있고, 이것이 유기체를 비유기체(즉 물질)로 환원시키는 힘으로 작용한다. 3. 사디즘의 근원에 마조히즘이 있고, 이것이 자기 파괴적으로 작용하게 된다.

그런데 이런 에로스와 타나토스와 관련된 프로이트의 고찰은 그 시대에 너무 급진적이었기 때문에 그 적극적인 의미가 이해되기까지는 긴 세월이 필요했다. 하지만 인간의 성적 욕구를 성기적 욕구와 구별한 것, 그리고 에로스나 성을 원리적으로 타나토스(죽음 본능)와 확실히 관련시켜 파악한 것의 의미는 아주 크다.

프로이트의 저서에서는 '에로스'와 '성'이 확실히 구별되지 않았지만, 대부분의 경우 성을 더욱 생물학적인 것으로, 즉 다형적인 에로스로까지 성장시켜야 하는 것으로 파악되고 있다. 에로스와 성에 대한 프로이트의 이런 인식의 영향을 받아 마르쿠제(『일차원적 인간』, 1964)는 현대 산업사회에서 인간의 탈에로스화라는 문제를 고찰한다.

즉, 마르쿠제는 다음과 같이 썼다. 예컨대 목장과 자동차 안, 성벽을 따라 난 산책길과 맨해튼 거리라는 각각 다른 장소에서 연인들이 주고받는 이야기를 비교해보자. 전자의 경우, 환경은 리비도적인 에너지 집중cathexis을 함께하고 그것을 재촉하기에 에로스화하기가 쉽다. 이와는 반대로 기계화되고 문명화된 환경이라면 리비도의 그러한 승화는 방해를 받는다. 거기서는 적합한 분위기를 잃음으로써 리비도가 저절로 '다형적'이지 않게 되고 또 성의 국소화를 넘어선 에로스화도 할 수 없게 된다. 그리하여 '성의 국소화'가 강화되는 것이라고 했다.

이 예를 택한 것은 다소 무성의한 경향이 있지만 에로스의 전체적이고 풍부한 다형성의 상실이 단지 성기적인 것으로 성의 국소화를 불러온다는 지적은 현재 에로스 문제를 생각할 때의 중요한 포인트를 잘 짚고 있다. 또한 그것을 통해 에로스와 성을 대비적으로 파악하는 것의 유효성이 드러난다.

그런데 앞에서 에로스와의 대비로 파악된 '성', 영어로는 섹슈얼리티를 '섹스'와 '젠더'로 나누는 사고가 최근에는 강해지고 있다. 그 차이를 간단히 설명하자면 섹스란 출생 전에 분화하는 생물학적인 성이고, 성기의 해부학적인 구조, 생식 구조, 성행위 등 신체적인 부분이나 그것과 관련되는 행동을 가리킨다. 그에 비해 젠더는 출생 후에 분화하는 심리·사회적인 성을 말한다. 요컨대 섹스가 선천적인 것임에 비해 젠더는 후천적으로 가까운 가족을 통해 더해지는 사회적 요인에 의해 만들어진다. 그러므로 예컨대 성전환자(트랜스섹슈얼)란 선천적인 섹스와 후천적인 젠더의 불일치로 고민하는 사람이고, 성전환 수술이란 섹스를 바꿔 젠더를 확립시키는 일이 된다.

앞의 '섹스'와 '젠더'의 구별은 존 머니와 퍼트리셔 터커(앞에서 언급한 『성의 서명』)가 한 것인데, 이반 일리치(『젠더』, 1982)도 얼핏 비슷하게 섹스와 젠더를 구별했다. 즉, 일리치에 따르면 섹스는 욕망으로서의 성에 지나지 않고, 따라서 쉽게 물화物化되고 경제화된다. 그리고 섹스가 경제적인 것에 비해 젠더는 고유하게 생활적vernacular인 것으로 여겨진다. 하지만 일리치에게 젠더는 인간 본래의 생활에 뿌리를 둔 것이라는 의미로 생득적인 의미를 띠게 되고, 그에 비해 섹스는 관리되고 소외된 젠더, 즉 후천적인 것으로 여겨진다. 일리치의 이 '젠더'론도 경제 '섹스' 비판 등이라는 점에서 시사하는 게 풍부하지만, 용어법에 모호한 부분이 있고 머니와 터커의 용어법에서도 똑같은 내용을 말할 수 있기 때문에 여기서는 일리치의 용법에는 깊이 파고들지 않는다.

그보다 여기서 파고들고자 하는 것은, 현대 성의 기본 문제에 새로운 빛을 던지는 '젠더 아이덴티티', 즉 젠더 아이덴티티의 기초를 이루는 성의 분기에 대해서다. 원래부터 이 젠더 아이덴티티는 생물학적·자연적 사실이 아니라 후천적인 것＝문화의 영역이다. 그러나 그렇게 말해도 그 기초에는 해부학적 섹스의 구별이 있다. 인간의 성에는 두 가지의 전혀 다른 계통이나 길이 있는데, 하나는 수정할 때의 XY 염색체로부터 성인 남성에 이르는 길, 또 하나는 수정체의 XX 염색체로부터 성인 여성에 이르는 길이라는 것이 지금까지 단순히 받아들여지고 있던 사고였다.

만약 이러한 사고가 옳다면 성전환자, 복장 도착자transvestite, 동성애자 등은 완전한 실패작이 될 텐데 과연 그럴까. 꼭 그렇다고는 말할 수 없다. 머니와 터커에 따르면 현재의 성과학에서는 약간 다른 인식이 이루어지고 있다. 즉, 두 길이 있는 게 아니라 사실 우리 한 사람 한 사람이 머지않아 남성 또는 여성 중 한 방향으로 갈라져 나아가는 몇 개의 분기점을 가진 하나의 길이 있을 뿐이다. 즉, 분기점이 몇 개나 있고 사람은 대부분 각각의 분기점에서 주저하지 않고 같은 성의 방향으로 나아간다. 그러나 그중에는 길에서 벗어나는 사람들도 있는 것이다.

이 "많은 분기점을 가진 하나의 길"이라는 성적 육성 코스라는 인식에 따를 때 우리는 현재 보이는 명확한 남녀 구별의 붕괴나 남녀 각각의 모습 변질에 필요 이상으로 당황하지 않아도 될 것이다. 왜냐하면 그것에 따라 젠더에 관한 고정관념 stereotype, 즉 남성성 또는 여성성의 의미에 관한 사회적 정의를 상대화할 수 있기 때문이다.

7. 엔트로피

영구기관 / 네겐트로피 / 개방정상계

　'엔트로피'라고 하면 어렸을 때 '영구기관'—즉 외부에서 에너지를 가하지 않고 한 번 움직이면 영구히 움직이는 기계—에 큰 흥미를 느껴 레오나르도 다 빈치가 다양한 시도를 했다는 것을 알고 조사해봤지만 결국 그것이 불가능하다는 것이 증명된 것을 알고 실망했던 일이 떠오른다. 엔트로피 법칙, 즉 열역학의 제2법칙—에너지는 하나의 방향으로만, 즉 사용 가능한 것에서 사용 불가능한 것으로, 질서화된 것에서 무질서한 방향으로 변화한다—에 따라 불가역적인 무질서의 증대가 물리적으로 운명 지워져 있기 때문에 폐쇄계 안에서 영구 운동은 있을 수 없다는 것이다.

　엔트로피에 대해 내가 떠올리는 또 하나는 사이버네틱스 이론의 창시자 노버트 위너(『인간의 인간적 활용—사이버네틱스와 사

회』, 1950)가 정보 안으로 잡음이 혼입되는 것을 피하기 힘들다
는 것을 엔트로피 개념을 이용해 설명함과 동시에 엔트로피를
진보와 대비시켜 논한 것이다. 즉 위너에 따르면 정보라는 것
은 열역학의 제2법칙과 마찬가지의 법칙, 다시 말해 하나의 통
신문은 전송 조작을 당해 자연스럽게 질서를 잃는 일은 있어
도 늘어나는 일은 있을 수 없다는 법칙을 따른다. 예컨대 잡음
이 심한 전화로 이야기된 말은 상대가 알아듣기 힘들고, 알아
들은 주된 말을 기초로 이야기를 재구성해야 할 것이다. 또한
책을 하나의 국어에서 다른 하나의 국어로 번역하는 경우 두
국어 사이에서는 의미의 엄밀한 등가 관계를 바라기 힘들다.

　위너는 엔트로피 개념을 이렇게 파악한 다음 그것을 진보와
대비시키는데, 그것은 엔트로피 개념이 에너지적으로도, 정보
적으로도 단순한 진보의 관념과 양립하지 않고 그것에 강력한
반성을 촉구하기 위해서다. (그런 점에서 그가 말하는 것은 최
근의 엔트로피적 문명론의 선구를 이룬다.) 그렇다고 해도 그
것은 곧바로 비관론으로 향하지는 않는다. 그는 이렇게 말한
다. 엔트로피의 법칙을 비관적으로 해석할지 말지의 문제는 우
리가 전체로서의 우주를 얼마나 중시하는가, 또는 그 안에 있
는 국소적으로 엔트로피가 감소하는 섬들을 얼마나 중시하는
가에 달려 있다. 우리 자신이 그런 섬 가운데 하나이기 때문에
보통은 전체로서의 우주보다는 엔트로피가 감소하는 영역을

훨씬 중시하게 된다. 우리는 인간적 가치를 우주적 규모의 확률이라는 거대한 척도에 기초하여 평가할 만큼 공평하지는 않으며, 인간적 환경을 인간적인 가치 판단의 잣대로 평가하지 않을 수 없다고 그는 말한다.

지금 이 부분을 다시 읽으면 에너지 문제에 대한 전망이나 지구적 규모의 환경 문제에 대한 문제의식은 없지만, 그 때문에 오히려 엔트로피 문제가 원근법 안에서 파악되어 안성맞춤이다. 또한 나는 1970년대 초에 언어나 의미의 문제를 정보이론과의 관계에서 다시 생각했을 때 의미나 가치의 발생을 네겐트로피negative entropy로 파악하는 사고에 신선함과 공감을 느낀 일을 기억하고 있다.

그런데 이상과 같은 관점에서 1970년대 후반 이래, 특히 1980년대에 들어 일본에서 각광을 받게 된 '엔트로피' 문제를 볼 때 강하게 눈길을 끄는 것은 엔트로피 개념을 이용한 생산·소비, 생명계, 생태계 등에 대한 새로운 인식 방법이고, 또 그것을 통한 엔트로피 개념의 재인식이다.

엔트로피 문제가 새삼 사람들의 관심을 끌게 된 것은, 1960년대 후반부터 1970년대에 걸쳐 선진 공업국들이 일제히 경험한 환경 오염과 에너지 위기라는 현대사회의 난문제에 새롭게 대처하는 관점이 다마노이 요시로玉野井芳(『엔트로피와 에콜로지』, 1978)가 말하는 광의의 경제학을 중심으로 요구되었기 때문이다. 그리고 케네스 에워트 볼딩Kenneth Ewart Boulding의 '우주선 지구호'나 니콜라스 조르제스크-뢰겐Nicholas Georgescu-Roegen의 '고전 역학 모델에서의 경제학 해방'이라는 사고에 입각하여 고찰되었기 때문이다.

먼저 생산과 소비에 대해 말하자면 무로타 다케시室田武(『에너지와 엔트로피의 경제학』, 1979)도 말한 것처럼 인간의 생산 활동이란 인간이 바람직하다고 생각하는 장소와 시간에 어떤 저低엔트로피의 질서(제품)를 만들어내는 활동이고, 그것을 위해서는 일반적으로 말해 엔트로피도度가 높은 원료(예컨대 철광석)의 투입과 함께 저엔트로피원源(예컨대 석탄 연료)의 투입이 이루어져야 한다. 이 경우 저엔트로피원의 역할은 원료에서 엔트로피(더러워진 것)를 빨아들이는 것에 있는데, 그 결과 여기서 제품과 함께 폐물·폐열이 생겨난다. 다시 말해 원료에서 엔트로피도가 낮은 제품(또는 생산물)을 만드는 과정은 저엔트로피원의 소비(즉 엔트로피의 증대)에 의해 비로소 가능해지는 것이다.

그렇다면 생명계는 어떻게 새로이 파악되었는가. 이미 슈뢰딩거(『생명이란 무엇인가』, 1944)가 말한 것처럼 살아 있는 생물체는 끊임없이 엔트로피를 증대시키고 있다. 그렇게 하여 죽음(엔트로피 최대)에 다가간다. 생물이 살아 있기 위한 유일한 방법은 주위 환경에서 끊임없이 네거티브 엔트로피(예컨대 음식물)를 섭취하고 저엔트로피를 유지하는 것이다.

이는 확실히 중요한 지적이었지만 문제는 간단히 네거티브 엔트로피(네겐트로피)라는 개념을 인정해도 좋을까, 인정할 수 있을까 하는 점이다. 엔트로피란 정의상 완전한 질서 안에 있으며 최소치 제로가 되는 것이기 때문이다. 쓰치다 아쓰시槌田敦(『사원물리학 입문』, 1982)가 말한 것처럼, 생물체가 살아 있는 것은 자기 안에 시시각각 증대하는 엔트로피를 체외에 버리는 기능을 가지는 것이라고 파악하는 게 좋다. 즉 이 경우 생명이란 살아 있는 것에 의해 생기는 여유로운 엔트로피를 버림으로써 정상 상태를 유지하는 계系라고 정의할 수 있다.

그렇다면 개개 생물체의 생존 기반으로서의 생태계는 어떻게 파악될까. 앞에서 말한 것처럼 만약 생물이 엔트로피를 체외에 버릴 수 있다면, 결국은 생물의 생존 기반인 지구＝생태계도 마찬가지로 개방정상계―엔트로피가 작은 것을 섭취하고 큰 것을 내보내는 것으로 엔트로피를 일정한 한도로 유지하는 계―이기 때문이다. 아니 그보다는 개방정상계(생물)는 개방정상계 안에만 존재할 수 있다고 해야 한다. 그리고 만약을 위해 말해두자면 무엇보다 지구를 개방정상계로 만드는 것은 '물순환water cycle'이라고도 쓰치다는 말했다.

이렇게 보면 거기에는 분명히 열역학을 중심으로 한 엔트로피 개념의 엄밀화와 심화가 있다. 그러나 여기서 문제가 되는 것은 엔트로피 개념을 좁게 물리학 안으로 가두고 엄밀화하는 것이 과연 좋을 것인가 하는 점이다. 정보에서 상징 표현(심벌리즘)까지의 영역을 포함하여 과학 법칙임과 동시에 특별히 은유일 수도 있는 점에 '엔트로피'의 특징이 있는 게 아닐까. 하지만 너무 간단히 모든 것을 광의의 엔트로피로 설명하는 데는 나도 반대한다. 수준의 차이를 고려해야 할 것이다.

8. 가면

영력 / 신화적 형상 / 민얼굴

우리 현대인은 가면에 강한 향수를 느껴왔다. 가면에 대해 우리의 조상이 가졌던 생생한 감수성을 잃은 후 다시 가면이 마음에 걸리게 되었기 때문일 것이다. 근대 세계에서 가면은 일반적으로 진실한 얼굴이 아닌 것, 진실한 얼굴을 감추는 것으로 여겨졌다. 가면은 때로 어린애 장난 같은 황당무계한 것, 수상쩍은 것으로 간주되었다. 하지만 그렇게 생각할 때 사람들은 가면이 가진 심층의 리얼리티를 간과했다. 가면을 그저 사실주의寫實主義의 입장에서만 파악했던 것이다.

그러한 견해의 배경에 있는 것은 의식적 자아와 무한 공간을 축으로 하는 근대 과학 지식이다. 또한 거기에서 나타나는 것은 자연 지배의 사고이며 인간의 거처인 코스모스(유기적 우주)의 상실이었다.

그래서 지금 가면의 기능을 돌아보면 거기에는 네 개쯤의 중요한 영력靈力이 있는 것 같다. 첫째로 가면은 우리 인간을 일상 공간에서 다시 유기적 우주 안에 위치시킨다. 일반적으로 살아 있는 인간이나 생물학적 인간은 아무래도 상징성이 약하거나 결여되어 있기 때문에 코스모스 안에 확실한 위치를 가질 수 없다. 그에 비해 가면은 인간의 심층 표현을 악센트가 강한 형태로 상징화하고 신화적 형상으로 보여준다. 이는 특히 남아시아의 힌두교 문화권의 가면에 현저하다. 거기에서는 『라마야나』나 『마하바라타』라는 고대 서사시에 관한 이야기를 축제의 무용으로 공연하는 데 쓰이는 일이 많기 때문일 것이다. 신화적 형상의 모습은 무척 솔직하다. 신, 영웅, 공주, 마신魔神, 마녀, 악귀, 괴수 등이 선명한 원색으로 나타난다. 그것들에 비하면 일본의 노能*가면이나 이탈리아의 가면 희극인 코메디아 델라르테의 가면에서는 신화적 형상의 모습이 희미해져 잘 보이지 않게 되었지만 근본적으로는 같다(예컨대 코메디아 델라르테의 아를레키노 가면의 오른쪽 이마에 있는 지름 1센티미터쯤의 붉은 동그라미는 뿔의 흔적이다).

　둘째로 가면이 가진 중요한 기능은, 가면을 씀으로써 인간

---

* 남북조 시대에서 무로마치 시대에 걸쳐 성립된 일본의 전통 가면 음악극.

의 얼굴이 전신체화全身體化한다는 것이다. 물론 인간에게 얼굴은 신체의 단순한 일부가 아니라 그것 자체가 이미 그 사람의 전체를 대표한다. 그러므로 얼굴은 그 사람의 인품을 드러낸다고 하고, 눈은 마음의 창이라고 한다. 그러나 또 얼굴은 그런 특권적인 부분이기 때문에 오히려 신체의 다른 부분의 표현을 방해하기 쉽다. 얼굴 안에서도 자의식을 체현하는 눈은 특히 그렇다.

그래서 가면은 있는 그대로의 눈을 가리고 얼굴을 감춤으로써 우리 인간을 의식에서 해방하며 신체의 다른 부분의 자유로운 표현을 돕는다. 가면이 얼굴을 전신체화한다는 것은 그런 의미에서다. 그리고 거기서 얻어지는 인간으로서의 통합은 공통감각적 통합이고 무의식적 통합이다.

셋째로 가면이 가지는 중요한 기능은, 가면이 우리 인간의 파토스적 = 고난을 받는 존재로서의 측면을 강화하고 체현하는 일이다. 가면이 살아 있는 세계, 가면이 생생한 생명력 또는 영력을 갖고 활동하는 세계는 농밀한 의미가 가득 찬 심벌리즘의 세계다. 거기에서는 만물이 조응 관계, 서로 비추고 비치는 관계에 있다. 그리고 사람은 가면을 씀으로써 쉽게 그런 조응 관계 안으로 들어갈 수 있다. 이런 관계에서 자기는 싫든 좋든 간에 타자의 강한 영향을 받기 때문에 파토스적(수동적, 정념적, 고난을 받는) 성격을 띠는 것이다. 사실 가면에는 희로애

락을 비롯한 다양한 정념, 특히 슬픔, 분노, 원한 등을 체현하는 것이 많다. 인도의 칼리나 타라카, 네팔의 마하칼리나 두르가, 발리섬의 란다, 게다가 노 가면의 한냐般若나 야만바山姥 등의 마녀, 귀녀 등이 가면의 극한에 있는 것은 결코 우연이 아니다.

마지막으로 가면이 가지는 중요한 기능은 우리 인간에게 '장소(토포스)'의 중요성을 상기시키는 일이다. 가면은 우리 인간을 무한 공간(균질 공간)에서 유기적 우주로 해방시킬 뿐 아니라 구체적인 대응물로서의 고유한 무대, 즉 소우주로서의 장소(토포스)를 요구한다. 이탈리아의 가면극 코메디아 델라르테가 베네치아나 나폴리의 거리, 길모퉁이, 광장 등을 주된 무대로 하는 것은 그 때문이다. 발리섬에서는 란다가 나오는 바론극 등이 사원 앞마당인 광장에서 성스러운 산을 본뜬 찬디 브타르Candi Bentar*를 배경으로 이루어진다.

하지만 가면극·가면무용과 그 장소(토포스)의 관계에 대한 문제가 가장 명료하게 보이는 것은 일본의 노能 무대일 것이다. 노 무대는 본 무대本舞臺,** 하시가카리橋懸り,***

---

* 사원 입구의 양쪽으로 갈라진 문.
** 배우들이 연기하는 중앙 부분.
*** 분장실에서 무대로 등장할 때 통과하는 긴 통로이자 무대의 일부.

지우타이자地謠座,* 아토자後座,** 이렇게 네 부분으로 구성되는데, 본 무대는 네 구석의 기둥으로 구획되어 확실히 방향과 의미가 부여되어 있다. 그리고 아토자의 왼쪽 안쪽으로 비스듬히 뻗어 있는 하시가카리와 그 안쪽에—막 너머에—있는 가가미노마鏡の間***는 원령이나 인간 이외의 것이 무대(이 세상)에 나다니는 다른 세계외의 통로와 다른 세계 자체를 이루고 있다. 요컨대 노 무대는 공간적으로 극히 제한된 넓이의 얼핏 아무것도 없는 곳이지만 풍부한 의미가 발생하는 장소(토포스)를 형성하고 있는 것이다.

그런데 처음에 나는 근대 세계에서 일반적으로 가면은 진실한 얼굴이 아닌 것, 진실한 얼굴을 감추는 것으로 여겨졌다고 말했다. 그렇다면 가면을 제거함으로써 진실한 얼굴, 민얼굴은 어떻게 되었을까. 가면에 사로잡히지 않은 생생한 표현력을 획득했을까. 확실히 처음에는 이른바 등신대의 표정이 신선하게 보이고 민얼굴의 미묘한 표정 변화에 사람들은 마음을 빼앗겼다. 그러나 현실의 인간관계 안에서, 그리고 문화 안에서 민얼

---

* 코러스를 담당하는 악사들의 자리.

** 연주를 담당하는 악사들의 자리인 정면의 안쪽 부분.

*** 하시가카리 바로 안쪽에 위치하여 거울을 두고 배우가 가면을 쓰고 정신을 통일하는 곳.

굴이나 진실한 얼굴도 항상 하나일 수는 없다.

현실의 인간관계나 문화 안에서 우리는 때로 남편이고 때로 부모이며 때로 놀이 상대 등 각각의 역할 또는 배역에 따라 싫든 좋든 간에 다른 얼굴을 갖게 되기 때문이다. 그때 민얼굴은 오히려 가면을 흉내 내게 된다. 민얼굴은 이미 타자의 눈에 비친, 즉 특정한 타자와의 관계 안에서 성립한 내 얼굴인 것이다.

사카베 메구미坂部惠(『가면의 해석학』, 1976)도 다음과 같이 썼다. "내 민얼굴 역시 나에게 타자—내지 '타자의 타자'—이외의 것이 아니며 타자성이 따라다니지 않는 순수한 자기, 자기(나)로의 절대적인 가까움, 현전, 친밀함 같은 것은 원래 어디에도 존재하지 않는다. '나'는 항상 '인칭personne' 내지는 '가면persona' 이외의 것으로는 드러나는 일이 없는 것이다. / 가면이 민얼굴의 은유인 것과 동등한 자격에서 민얼굴은—뭔가의 '원형' 따위가 아니라—가면(마스크)의 은유다." "민얼굴은 진실에, 가면은 '거짓' 내지 '허풍'에 더욱 가깝다고 생각하는 것은 특정한 문화에 한정된 하나의 특수한 편견 이상의 것은 아니다."

정말로 가면 = 페르소나와 전혀 무관한, 진실한 얼굴 따위가 있을 리 없다. 진실한 얼굴이란 그것을 통해 인간끼리 내면적으로 서로 반응하고 마음이 통할 수 있는 풍부한 다양성을 가진 얼굴인 이상, 거기에는 이미 많은 가면 = 표정이 포함되어 있는 것이다.

9. 기호

페티시즘 / 심벌 / 은유 · 환유

'기호'는 현대의 술어 중의 술어이기 때문에 어떤 식으로 접근하면 좋을까, 하고 이런저런 생각을 하고 있었는데 소설가 오오카 쇼헤이大岡昇平 씨가 『간통의 기호학』(1984)이라는 새로운 에세이집을 보내왔다. 이것은 현대의 '기호'에 대해 논하는 실마리가 되기 때문에 여기서 이야기를 시작하기로 하자.

여기서 '간통의 기호학'이라는 것은 문학상의 주제인 간통을 기호론적 현상으로서, 즉 일정한 코드에 실린 의미 표현체와 관련된 것으로서, 거듭 말하자면 있는 그대로의 사물로부터 분리되어 문화적 의미를 떠맡은 코드와 관련된 것으로서 파악하려는 것이다. 이러한 사고는 오오카 씨가 토니 태너Tony Tanner의 『소설에서의 간통Adultery in the Novel : Contract and Transgression』(1979)[*]에서 착안한 것이다. 오오카 씨는 이렇게 말한다. "성행위는 영장류로서의 인간이 '필요'로 하는 것이지만 성적 대상으로 기호화하면 이를 '원하게' 되고 '욕망'이 된다. (……) 태너에 따르면 남녀의 성기도 기호화되어 있다. 페니스(음경)는 팔루스(남근)가 되고 여성의 성기도 '여음女陰'으로 아어雅語가 된다. 애초에 모든 연애소설은 여성의 성기에 대한 페티시즘에서 출발한다고 한다."

앞에서 일부를 인용한 에세이 『간통의 기호학』은 원래 강연한 내용에 가필한 것이고, 내용적으로도 기호학 자체로서 깊이 파고든다기보다 오히려 그 표제를 즐기며 저자가 말하는 광의의 간통 소설로서 나쓰메 소세키의 『그 후』와 『문』에 대해 자유롭게 논한 것이다. 하지만 그럼에도 불구하고 사물의 기호화가 페티시즘(물신성, 물신화)과 결부되어 기호의 문제가 아주 생생한 간통이라는 문제에까지 이른다는 것을 보여주어 매우 적절하다.

왜냐하면 기호의 문제가 현대에서 새로운 의미를 띠고 나타나 사람들의 관심을 강하게 끌게 된 것은, 논리식이나 수학식 안에서 사용되는 알파벳이나 숫자라는 고전적인 기호의 관념을 넘어 모든 사물이 일정한 관계 또는 코드 안에서 의미 있

---

* 원문에는 1983년이라고 되어 있으나 존스홉킨스대학출판부에서 1979년에 나온 것이 맞는 것으로 보임. 일본에서는 1986년에 번역됨.

는 기호가 된다는 것을 깨달았기 때문이다. 일의적인 논리기호나 수학기호에서 다의적인 기호, 이미지성을 띤 기호로, 기호의 범위가 확대된 것에 기인한다. 후자의 다의적인 기호, 이미지성을 띤 기호 안에는 사진이나 영화의 영상, 오브제를 비롯한 일정한 의미 있는 공간에 놓인 사물, 그리고 물론 자연언어 또는 분절 언어라 불리는 우리 인간의 언어도 포함되어 있다. '기호논리학'과 '문화기호론'이라는, 모두 기호라는 말을 포함한 학문 영역이 대체로 내용을 달리하는 것은 앞에서 본 기호의 두 가지 의미에 각각 대응하고 있기 때문이다.

그런데 기호는 한편으로 상징에, 다른 한편으로는 부호에 대립하게 되는 일이 많다. 그보다는 오히려 기호는 부호적인 기호와 상징적인 기호로 나뉜다고 하는 편이 나을 것이다. 랑어 Susanne Knauth Langer(『심벌의 철학』, 1957)는 전자를 사인sign, 후자를 심벌symbol이라 부르고, 사인에서는 그것과 그것이 나타내는 것이 일대일의 대응 관계를 이루고 대상의 직접적인 대리 작용이 보이는 것, 또한 심벌에서는 그것이 대상의 대리로 기능하는 것이 아니라 대상에 대한 표상을 가져온다고 지적한다. 또한 랑어에 따르면 심벌 체계는 언어적 심벌에 의해 대표되어 여러 구성 요소를 계기적으로 보여주는 언술적 = 논변적 dscursive 심벌 체계와 영상으로 대표되어 여러 구성 요소를 동시에 보여주는 현시적presentational 심벌 체계로 구별된다.

랑어의 이러한 심벌 인식은 그것 자체로 꽤 유익할 뿐 아니라, 그리고 영역으로서 예술기호론에서 문화기호론으로 새로운 영역을 개척해가는 것처럼 보였지만, 실제로 성과를 올렸다고는 말할 수 없었다. 물론 새로운 길은 로만 야콥슨이나 롤랑 바르트 등에 의한 소쉬르 언어학의 재발견·발전을 통해 발견되었다. 먼저 '언어기호'는 무엇보다도 기호 표현과 기호 내용의 결합으로 파악되었다. (심벌이라는 말은 결합의 동기성이 강해서 기피되었다.) 이 기호 표현과 기호 내용은 각각 하나의 청각 영상과 하나의 개념— 예컨대 다리橋라면 다리라는 말의 하시はし라는 소리(엄밀하게는 그 형식)와 다리의 개념(또는 표상) — 으로서 표리를 이룬다.

일반적으로 언어기호가 아닌 기호(사물, 몸짓, 영상 등)도 똑같이 기호 표현과 기호 내용으로 이루어졌지만 문제가 되는 수준에 따라 그 성질은 달라진다. 예컨대 레인코트는 직접적으로 비를 막는 기능을 보여주는 기호이지만, 동시에 그 사용은 날씨를 나타내는 기호도 되기도 하고, 나아가 그것이 영국제 버버리라면 착용자의 스테이터스 심벌status symbol도 될 수 있는 것이다.

그런데 기호 문제의 발전으로서 특히 중요한 것은 소쉬르가 내놓은 언어의 두 가지 축에 관한 것이다. 하나의 축은 통합 관계syntagmatiques, 즉 언어 연쇄speech chain에 따른 말과 말의 결합 관계다. 또 하나의 축은 연합 관계associatifs라 불리는 것으로 연상에 따라 일어나는 말과 말의 관계다. 예컨대 "말이 달린다"라는 언술에서 '말 + 이 + 달린다'는 결합이 통합 관계이고, 말에 대해 소나 자동차 등, 달린다에 대해 걷는다나 날아간다 등등 연상되는 것과의 결합이 연합 관계다.

소쉬르는 통합 관계와 연합 관계가 인간의 정신 활동의 두 축에 대응하지 않을까 하고 예측했지만, 이것이 야콥슨(『일반언어학』, 1965)에 의해 예로부터 비유의 대표적인 두 형태인 환유 metonymy와 은유metaphor에 대응하는 것으로서 확실히 모델화하여 파악되고 적용 범위가 넓은 한 쌍의 개념이 되었던 것이다. 은유란 원래 수사학상, 예컨대 사자로 왕자를 나타내는 것처럼 유사 관계 안에서 '와 같은'을 사용하지 않고 말을 치환하는 비유 형식이고, 이에 비해 환유란 도리이鳥居*로 신사를 나타내는 것처럼 인접 관계 안에서 이야기를 대용하는 비유 형식이다.

이 두 형식이 모델화되어 적용 범위가 확대되었다. 여기서 인간의 기호 행위 전체가 유사 관계로의 치환이 강한 것과 인접 관계로의 대용이 강한 것에 따라 각각 은유적인 것, 환유적

---

* 신사 입구에 세우는 기둥 문.

인 것으로 파악되었다. 즉 서정시, 낭만주의나 상징주의 소설, 초현실주의 회화, 프로이트의 꿈 상징 등은 은유적인 것이고, 이에 비해 서사시, 사실주의 소설, 입체주의의 그림, 인간의 욕망 작용 등은 환유적인 것이라는 이야기가 된다.

새로운 기호론이 펼치는 세계는 광대하다. 여기서 처음에 말한 소비사회에서의 사물의 기호화에 대해 다시 한 번 말하자면, 일찍부터 이 문제에 몰두해온 장 보드리야르(『사물의 체계』, 1968)도 말한 것처럼 소비사회에서는 욕망의 대상이 되는 것은 사물이 아니라 기호다. 아니, "소비되는 사물이 되기 위해 사물은 기호가 되어야 한다". 또한 사물은 기호가 됨으로써 '인간화'하고 새롭게 조직되며 변화한다. 그리고 사물은 그 물질성에서가 아니라 차이差異(다른 것 → 18. 차이)에서 소비되는 것이다.

10. 광기

양도 / 소외 / 감금

말, 특히 술어의 재미 가운데 하나는, 동일한 술어 안에 보통 그다지 관련성을 생각할 수 없는 몇 가지 중요한 개념, 그것도 기본적인 개념이 포함되어 있다는 사실이다. 그런 술어는 번역 되면 몇몇 분야에서 다르게 번역되기 때문에 번역어만 봐서는 그 개념들의 관련성과 관계를 알 수 없다. 그러나 원어로 거슬러 올라가면 그 개념들 사이의 깊은 관련성이 보인다.

그런 술어 중에서도 특히 시사적이라고 생각되는 것은 양 도-소외-광기라는, 이른바 경제학, 철학, 정신의학, 이 세 영역 의 개념을 포함하고 연결하고 있는 에일리어네이션alienation 이다.

먼저 사물의 '양도' 개념이 권리에도 전용되는 것은 트랜스 퍼링transferring이라는 말에서도 보인다. 예컨대 토머스 홉스

(『리바이어던』, 1651)가 자연권에서 자연법으로의 이행에 즈음한 계약을 설명할 때 거기에 필요한 것으로 '권리의 상호 양도'라는 말을 했다. 그리고 권리의 양도에 대해 포기와 대비하여 다음과 같이 말한다. 권리는 단지 그것을 포기하는 것에 의해서도, 또는 그것을 타인에게 양도하는 것에 의해서도 제거된다. 단순한 포기에 의해서라고 하는 것은 그것에 대한 이익이 누구에게 돌아가는지를 그가 고려하지 않는 경우다. 그리고 사람이 그의 권리를 뭔가의 방법으로 포기 또는 양도한 경우 그는 그 권리의 양도 또는 포기를 얻어낸 사람들이 그 이익을 얻는 걸 방해하지 않도록 하는 의무가 부과되어 속박된다고 말한다.

홉스가 이런 것을 역설하는 것도 권리의 양도가 자유의 양도일 수밖에 없기 때문이다. 그리고 여기에는 이미 양도의 문제가 소외의 문제로 이어지는 절차가 보이지만, 그것이 더욱 분명히 나타나는 것은 루소(『인간 불평등 기원론』, 1753)의 경우다. 여기서 재산은 합의나 계약에 의해 타인에게 양도할 수는 있어도 자유는 그렇게 양도할 수 없다고 한다. 요컨대 "소유권은 합의와 인간의 제도에 의한 것에 지나지 않기 때문에 누구라도 자신이 가진 것을 자기 생각대로 처분할 수 있다. 하지만 생산이나 자유 같은 자연의 본질적인 선물은 그렇게 되지 않는다". 이렇게 말한 이상 루소는 '양도하다'—aliéner, 영어로는 alienate—란 '나와 전혀 무관한 것tout étranger이 되는' 것이라

고 분명히 말한다.

 '소외'라는 개념, 인간의 자기소외라는 개념이 가장 적극적으로 내세워진 것은 초기 마르크스와 인간주의적 마르크스주의에서였다. 그리고 마르크스의 경우, 소외(Entfremdung, 소격화)라는 용어 자체는 헤겔에게서, 그리고 그 문제의식은 루트비히 포이어바흐(『그리스도교의 본질』, 1841)에게서 가져온 것이었다. 포이어바흐의 종교론에서 신이란 인간의 선한 본질을 가능한 한 많이 끄집어내 객체화한 것이고 인간은 그만큼 내용이 빈약한 존재가 된다는 착안점을 마르크스가 살렸던 것이다.

 마르크스(『경제학·철학 초고』, 1844)는 이렇게 썼다. 노동자는 부를 생산하면 할수록 그만큼 더 가난해진다. 이것은 노동이 생산하는 대상, 즉 노동 생산물이 하나의 소원疏遠한 존재로서, 생산자로부터 독립한 힘으로서 노동에 대립하는 것을 의미한다. 노동 생산물은 대상 안에 고정되어 사물화한 노동이며 노동의 대상화다. "노동의 실현이 노동자의 현실성 박탈로 나타나고, 대상화가 대상의 상실 및 대상에의 예속으로 또한 대상의 획득이 소외로, 외화外化로 나타나는 것이다."

 그리하여 마르크스의 '소외된 노동'이라는 사고는 1. 노동자의 노동 생산물로부터의 소외, 2. 노동자의 생산 행위로부터의 소외, 3. 노동자의 자기 본질(유적 본질)로부터의 소외, 이 세 계기를 포함하게 된다. 또한 마르크스의 사고에서는 그 밖의 소외, 정치적 소외나 종교적 소외도 모두 이러한 사회적, 경제적 소외에서 유래하는 것으로 여겨졌다. 이런 소외라는 사고가 매력적이었던 것은, 소외의 극복에 의해 인간이 자기 자신 및 자연과의 본래적 관계를 회복하고 인간의 가능성을 실현할 수 있게 되는 것이라고 생각되었기 때문이다.

그런데 마르크스의 소외 이론은 오늘날 마르크스주의 그 자체 안에서도 비판에 노출되었다. 거기에는 포이어바흐적인 '인간주의'의 잔재가 있고 『독일 이데올로기』 이후의 성숙기 마르크스 이론과의 사이에 인식론적 단절(알튀세르)이 있다고 생각되었기 때문이다. 소외 개념이 한때 모든 문제를 해명하고 해결하는 만능열쇠(프랑수아 샤틀레)처럼 사용된 것도 오히려 그 의미를 잃게 했다고 할 수 있다.

그런데 '소외' 이론의 후퇴와 '광기'의 문제에 대한 사람들의 관심이 증대한 것은, 생각건대 거의 대체라는 형태를 취한다. 그 이유를 생각하는 기준이 되는 것은 1960년대 중반의 '구조주의' 등장이 무엇보다도 인간주의적 마르크스주의에 대한 비판으로서의 의미를 가졌다는 점일 것이다. 소외 이론은 인간주의적 마르크스주의의 중심에 있었고, 광기의 문제는 '구조주의' 안에서 나올 만해서 나온 문제군의 하나이기 때문이다. 사상으로서의 '구조주의'가 쌓은 현저한 공적 중에, 그동안 유럽의 '인간주의'에 대한 자기비판으로서 지금까지 그 내부와 외부에 내버려두고 배제해온 두 종류의 심층적 인간, 즉 광인과 미개인에 대한 적극적인 평가가 있었던 것이다.

그렇다면 이 경우 '광인'의 재발견은 어떤 의미가 있었을까. 광기란 우선 인간의 근원적 자연으로서 이성에 의해 구별되고 한정되고 종종 억압되는 것으로 파악할 수 있다. 그러므로 광기가 어떤 것으로 나타나고 어떤 것으로 이해되는가 하는 것은 역으로 광기와 구별되고 분할된 이성이 어떤 것인지를 드러내게 된다. 그런 것으로서 광기는 그 시대, 그 사회의 지배적 질서와 그 상관자로서의 이성을 비추는 기능을 갖고 있다. 그리고 이성과 질서의 지배가 강해지고 형식화되며 자기 목적화할 때 광기는 그것에 의해 가둬져 원래 가질 수 있었던 창조성을 잃고 동시에 그것에 따라 이성도 질서도 경직된 빈약한 것이 되어간다.

그런 관점에서 돌아볼 때 푸코(앞에서 말한 『광기의 역사』)가 밝힌 것처럼 근대사회 또는 '이성의 시대'에 광인은 이성적 질서와 생산·유효 원리에 반하고 적대하는 것으로서 '건전한' 사회에서 배제되고 감금된 것이다. 즉 오로지 부의 생산과 경제적 유용성을 가치로 한 사회에서는 감금의 벽이 그 가치를 부정하는 자를 그저 신체적으로 가둘 뿐만 아니라 존재로서 소외시키게 되었다. 여기서 제정신을 잃은alienated 자로서의 광인은 사회적으로도 소외된alienated 자가 된 것이다.

11. 공동주관

상호주관성 / 간신체성 / 공동환상

지금 돌아보면 20년 이상이나 된 일인데, 내가 제도에 관심을 갖고 법률 사상에 다가가 그 방면의 논문 몇 편을 썼던 무렵 법학부 출신의 젊은 친구로부터 재미있는 감상을 들었다. 보통 법률 관련 논문에서는 '나'가 그다지 나오지 않는데 당신의 논문에서는 그것이 나와 신선한 느낌이 들었다는 것이었다. 당시 나는 지금보다 "나는……" 하는 형태를 많이 사용했기 때문에 낯간지럽다고 생각하면서도 아, 그렇구나, 하고 생각했다.

그러고 보니 실정법 해석과 관련된 논문에서는 법률의 조문 자체가 우선 기본적으로 비인칭적으로—다시 말해 법이 정하는 바에 따르면 이러이러한 것으로 한다, 하는 형태로—쓰여 있다. 게다가 그것을 논하는 논자도 자신의 의견을 논리적인 필연성에 기초한 객관적인 것으로 제시한다. 그러므로 논문의 스타일로서도 주관성＝주체성을 띤 '나'가 문장 표면에 드러나지 않게 된다. 그렇게 생각하고 납득했지만 그 이상의 것은 생각나지 않았다.

이런 나의 사소한 경험에 좀 더 큰 문제가 포함되어 있다는 사실을 깨달은 것은 '구조주의' 및 언어론과 만나고 나서였다. 거기서 확실히 떠오른 것은, 언어에는 "내가 말한다"의 배후나 근저에 시스템 또는 제도로서의 "언어 자신이 말한다"라는 기능이 있다는 점이었다. 그리고 이 제도로서의 언어란 보통 국어(랑그)를 가리키는데, 특히 법률상의 조문에서는 그 성격이 한층 두드러진다. 즉, 단순화해서 말하자면 규범(시스템, 제도)이 지배하는 법률 및 법률의 말은 개인의 주관성을 넘어 '구조주의'적이었던 것이다.

구조주의가 개인의 주관성을 넘어섰다고 한다면 프랑스 구조주의도 데카르트적인 의식적 자아, 즉 의식의 입장에 대해 제도로서의 언어로 이어지는 무의식을 대치한 것처럼 거기서는 의식이나 자아를 넘어 비인칭적 공동성이 발견되었고, 그것은 현대의 자아로부터 공동성으로의 전회라는 하나의 동향이 나타난 것이었다. 장마리 도므나크Jean-Marie Domenach(「시스템과 개인」, 1963)는 미셸 푸코를 언급하며 이렇게 말한다. "개인의 사고에 대한 집단적 언어의 우월성, '인간의 죽음'이라는 그의 극단적인 주제는 10년 이상이나 전에 누보로망, 특히 누보 테아트르(신연극) 안에서 표명된 것이다. 이미 알랭 로브그리예Alain Robbe-Grillet는 작자와 등장인물 중 어느 쪽의 주관성도 분쇄하고 비인칭적 시선으로 그것을 대신했는데, 이는 푸코가 문화의 여러 시대를 둘러볼 때의 그것과 같은 것이다."

그런데 자아의식과 공동성이란 절대 양립할 수 없는 것일까. 그 문제는 특히 에드문트 후설의 만년에 상호주관성Inter-subjektivität의 문제로서 나타난다. 즉, 나의 주위 세계와 타자의 주위 세계가 공통의 세계라고 해도 그것은 동일한 세계가 각각의 방식으로 나타나는 것이다. 그러나 머지않아 어떤 주위 세계도 결국은 하나의 세계가 나타난 것에 지나지 않는다고 여겨지게 되고, 다양하고 상이한 각각의 주위 세계를 통해 상호주관(공동주관)적으로 끊임없이 한층 객관적인 세계가 구성되어간다는 사고로까지 이끌려 간다.

이 경우 그는 다음과 같은 방식을 썼다. 자연·사회·문화에서 대상은 이미 상호주관적 의미를 떠맡고, 타아他我를 전제한다면 타아는 어떻게 인식되는지를 묻고, 타자의 신체에 자기 이입함으로써 타아가 인식된다고 주장했다(『데카르트적 성찰』, 1930). 그러나 이러한 타아에서는 이입된 자아에 지나지 않게 되고 후설 자신도 유고遺稿에서 이 문제와 씨름했다. 이 문제에 대해서는 후설의 유지를 직접 또는 간접으로 잇는 사람들에 의해 여러 가지로 새로운 전개가 시도되었다. 그중에서도 주목할 만한 시도는 메를로퐁티에 의한 신체적 차원의 상호성에 대한 착안에 근거한 것이었다.

즉, 메를로퐁티(『기호Signes』, 1960)는 상호주관성의 문제를 '간주관성', 즉 상호신체성의 문제로 다시 파악한 것이다. 먼저 자신의 왼손을 오른손으로 쥘 때 좌우의 손 사이에서 '대는 손-닿는 손'의 관계는 쉽게 역전될 수 있다. 그리하여 신체는 저절로 일종의 반성 작용을 하고, 이 반성 작용 속에서 양쪽 손은 동일한 손에서 갈라져 나온 것으로서 공존한다. 똑같은 일이 타자와의 관계에서도 일어난다. 메를로퐁티는 이렇게 말한다. "만약 내가 타인의 손을 쥐고 그가 거기에 있다는 것을 확실히 안다면 그것은 그의 손이 내 왼손과 바뀌기 때문이며 내 신체가 역설적으로 스스로 그 자리가 되는 '일종의 반성' 안에 타자의 신체를 병합하기 때문이다. (……) 그와 나는 이를테면 간주체성intercorporéité의 한 기관인 것이다."

이것만으로는 결코 문제가 해결된 것은 아니지만, 타자와의 상호성을 신체적인 행위를 통해, 즉 활동하는 신체를 실체로서 근거 짓는 방향이 여기에 나타난다. 게다가 나중에 메를로퐁티는 자기와 타자를 매개하는 장(간신체적인 장)을 ─ 후설의 개념을 빌려 ─ '대지大地'라고 부른다.

여기서 주목되는 것은 '공동주관'성이 ─ 앞에서 본 것처럼—언어적인 무의식이나 장으로서의 대지처럼 여러 가지 형태로 근원적인 것과 관련되는 점이다. 그 관련 방식에 따라 공동주관성의 양상이 달라진다. 그 관점에서 흥미로운 것은 일본에서 요시모토 다카아키吉本隆明(『공동환상론』, 1968)가 야나기타 구니오柳田国男를 실마리로 하여 발전시킨 '공동환상'이라는 사고다.

즉, 그것은 야나기타의 『도노 이야기遠野物語』의 산인담山人譚 등에 나오는 입면 환각入眠幻覺의 공포를 힌트로, 마르크스에 의한 상부구조로서의 종교·국가·법의 이데올로기(허위의식)성에 대한 비판적 시각을 도입하여 공포의 공동성을 환상의 공동성이라는 형태로 다시 파악한 것이다.

요시모토 다카아키는 이렇게 말한다. 원리적으로 말하자면 어떤 개체의 자기 환상은 그 개체가 생활하는 사회의 공동환상과 거꾸로 되어 있을 것이다. 하지만 그렇게 거꾸로 된 형식은 꼭 그것이라고 알 수 있는 형태로 나타난다고는 볼 수 없다. 또한 여기서 공동환상이라는 것은 그 어떤 속임수나 허세도 포함되어 있지 않다. 그러므로 사람들이 공동환상을 현대적으로 사회주의적 국가, 자본주의적 국가, 반체제적 조직의 공동체, 작은 서클 공동체, 그 어느 것으로 해석해도 상관없다. 인간은 원래 자유로운 개인으로 있고 싶었는데도 자신의 존재를 압살하기 위해 압살될 것을 알면서도 불가피하게 다양한 공동체(공동태)를 만들어냈다. 그러므로 인간에게 공동환상은 개체의 환상과 대립하는 구조를 갖고 있다, 하고 말이다.

요시모토 다카아키 자신은 "여기서 공동환상이라는 것은 (……) 인간이 개체로서가 아니라 뭔가의 공동성으로서 이 세계와 관계하는 관념의 양상을 가리킨다"라고 말했다. 그런데 그것을 굳이 '환상'이라고 하는 데서―개인과 공동체의 의식이나 관념이 거꾸로 되어 있다는 지적을 중시하면서도―나는 위화감을 느꼈다. 그런데 인간은 "본능이 고장 난 동물이고 문화란 모두 환상이다"라는 인식 방법(기시다 슈, 『게으름뱅이 정신분석』, 1977)을 매개로 하여 나도 납득할 수 있게 되었다.

12. 극장국가

느가라 / 모범적 중심 / 중공 구조

말의 재미 가운데 하나는 사람으로부터 사람에게 전해지고 사용되는 중에 어느새 의미가 달라지는 일이다. 그러므로 나는 하나의 술어가 언제까지고 같은 의미를 가져야 한다고는 생각하지 않는다. 특히 기원이 외국어에 있는 경우 어느 정도 코노테이션connotation, 즉 함의가 달라지는 것은 어쩔 수 없는 일이라고 생각한다. 그러나 원래 확실한 내용이 있는 술어가 멋대로 내용이 바뀌어 세상에 확산되는 것은 곤란한 일이다.

그 두드러진 예가 '극장국가'라는 말이다. 이 용어는 야노 도루矢野暢의 『극장국가 일본』(1982)에 의해 '독립적인 시나리오를 갖지 못한 국가'라는 의미로 완전히 내용이 바뀌어 널리 유포되었다. 따라서 '극장국가'라고 하면 오로지 그런 의미로 받아들여지는 경향이 많다. 그런 일이 일어나게 된 것에 대해서는 '독립적인 시나리오를 갖지 못한 국가'라는 파악 자체가 사람들에게 호소하는 점이 있고, 그것에 대한 명명으로서 '극장국가'를 돌려 쓴 일이 효과적이었다고는 말할 수 있다.

하지만 여기서 무엇보다 문제인 것은, '독립적인 시나리오를 갖지 못한 국가'라는 것보다 훨씬 근본적인 관점을 가진 클리퍼드 기어츠Clifford Geertz의 『극장국가 느가라―19세기 발리의 정치체를 통해서 본 권력의 본질』(1980)에서의 극장국가theatre state가 지닌 원래의 의미가 은폐되었다는 사실이다. 먼저 그 '극장국가'론의 요점을 말해두자면, 서구의 국가나 사회가 오로지 현실적＝정치적 지배나 권력으로 파악되는 경우가 많은 것에 비해 기어츠는 의례적＝상징적인 측면을 중시하여 전혀 다른 모델을 내놓은 것이다.

즉, 기어츠는 다음과 같이 썼다. 발리섬의 역사를 보면 그곳의 소국가(느가라Negara)의 현저한 특징은 전제정치로도, 명확한 형태의 통치로도 향하지 않고 오히려 구경거리나 공적인 드라마로 만드는 역할을 하는 방향으로 나아갔다. "그것은 '극장국가'이고, 거기서 왕이나 제후들은 흥행주이고, 승려들은 연출가이고, 농민들은 조연이고, 그 밖의 여러 사람들이고, 관객이다." 그리고 소국가를 무대로 전개되는 터무니없이 규모가 큰 화장火葬, 삭치削齒 의례, 순례, 동물 공희供犧 등은 수백, 수천 명의 민중과 막대한 부를 동원하게 되는데, 그것들은 정치 목적을 달성하기 위한 수단이 아니다. 그것은 목적 자체, 그러니까 국가가 존재하는 목적 자체인 것이다.

이렇게 기어츠는 일반적으로 생각하는 국가나 정치와 제의의 관계를 역전시킨다. 기존 국가론의 용어로 말하자면 지배가 현재화顯在化하는 '관리 국가'에 대한 '제사 국가'의 관점을 강하게 내세운 것이라고도 할 수 있는데, 여기서 중요한 것은 그것을 통해 국가를 동적인 상징 표현(심벌리즘)으로서 보여준 일이었다. 그리고 그것은 '모범적 중심'이라 불리는 인식 방법을 축으로 전개되고, 그 인식 방법 안에서 주체의 본성이나 기초도 발견된다.

'모범적 중심'의 하나는 궁정＝수도인데, 그것은 초자연적인 소우주를 나타냄과 동시에 정치적 질서를 물질적으로 체현한다. 또한 특히 중요한 중심은 '모범적 중심 안의 모범적 중심'으로서의 왕이고, 왕은 '세계의 기축'으로 여겨진다. 그리고 이 경우, '중심'이나 '기축'이라고 해도 그것은 권력적인 힘의 근원으로서가 아니라 그 자체가 무無인 듯한, 고도로 상징적인 의미를 가진 것이다. 그것들의 '모범적 중심'은 일종의 본보기로서 주위에 영향력을 가지며 주위를 변화시키는 힘을 갖고 있다.

하지만 '모범적 중심'의 극치로서의 왕을 바로 그러한 것으로 지탱하고 성립시키는 것은 무엇일까. 기어츠에 따르면 그것은 전통적인 발리 문화 안에서 일종의 강박관념을 이루고 있는 신분에 대한 긍지 또는 상승 지향이다. 계층 제도(카스트) 안에서 신분의 상하는 출신에 의해 대폭 계승되는데 상층 사람들도 하층 사람들도 각자 위신에 대한 한없는 경쟁의 포로가 되어 있다. 이 경우 경쟁은 상층 사람들 사이에서 한층 격렬하지만 하층 사람들 사이에서도 상위 사람들을 모방하여 그 거리를 좁히려고 한다.

그건 그렇다고 해도 사람들에게 이러한 모방 정열을 발휘하게 하는 기본 조건은 무엇일까. 느가라에서 그것은 현실적인 힘을 가진 국가 구조가 원심적·확산적으로 형성되어 구조적으로 현실적인 정치의 무게 중심이 오히려 기저부에 있기 때문이다. 느가라에서 이 원심적·확산적인 국가 구조는 '모범적 중심'으로 향하는 구심적이고 통합적인 집단적 제의와 대립하며 공존하고 있다. 다시 말해 그것은 구체적인 사회제도 또는 권력 시스템으로서 본질적으로 하부에서 상부로 쌓아 올려지고, 따라서 국가는 구조상 상부로 갈수록 무너지기 쉽고 폭발하기 쉬워진다. 그렇기에 그것을 피하기 위해 '모범적 중심'으로 향하는 구심적이고 통합적인 집단적 제의가 작동한다. 즉 집단적 제의가 현실적 = 정치적 힘이 작동하는 것과 다른 상징의 차원에서 단순한 장식물로서가 아니라 국가의 주요 활동으로서 큰 의미를 갖게 되는 것이다.

이러한 까닭에 기어츠의 '극장국가'론이 가져온 가장 중요한 의미는, 위에서 아래의 지배를 전제로 하는 권력 시스템이 아닌 국가의 틀이 있을 수 있는지, 만약 있다면 중추 권력을 갖지 않는 국가를 통합하는 작용을 하는 것은 무엇인지를 발리섬의 느가라를 예로 들어 구체적으로 보여준 점일 것이다. 역학＝기계론 모델에 의한 근대 국가, 권력 국가에 기초한 국가의 통념과는 전혀 다른 새로운 국가 모델로서 '극장국가'를 내세운 점일 것이다.

이러한 '극장국가'의 모습은 누구나 쉽게 알 수 있듯이 제사성祭祀性이 국가의 중추 부분이며 지금도 일본에서 큰 의미를 갖고 있는 '천황제' 문제와 크게 맞닿아 있다. '천황제'가 중심의 부재 또는 공空인 중공적中空的인 권력 구조를 갖고 있는 것과의 관련성은 특히 중요할 것이다. 예전에 어떤 심포지엄에서 미시마 유키오三島由紀夫(『일본은 국가인가』, 1969)는 통치 기구로서의 국가 내지 정치를 끝까지 추궁해가면 추상적이고 기술적인 체계가 될 것이고, 그것은 거의 도의성이라는 것을 탈각해버릴 거라고 말하며 제사 기능으로서의 정치에 바로 도의성이 있고 일본이 국가로서 도의성을 회복하기 위해서는 천황제 본래의 제사성을 중시해야 한다고 주장했다.

지금 미시마의 그런 말을 다시 끌어들인 것은 거기서 말하는 도의성이라는 것을 오히려 심벌리즘(상징 표현, 상징 체계)

의 문제로서 다시 파악해야 한다고 생각하기 때문이다. 가와이 하야오河合隼雄(『중공 구조 일본의 심층』, 1982)가 지적하듯이 중공 구조의 비어 있는 중심을 '서구적 부성父性', 즉 권력 국가 원리로 메우는 것의 위험성을 돌아볼 필요가 있다고 생각하기 때문이다. 이미 근대 일본에서 중공 구조는 도저히 순수한 형태로는 성립하지 않고, '천황제'도 권력 국가 원리라는 이질적인 것과의 혼합물로만 존재할 수 있다. 기어츠의 '극장국가'라는 사고는 그것을 뼈저리게 느끼게 해준다.

13. 교환

교통 / 상징 교환 / 과잉

'교환'이라는 말이 최근 새로운 의미를 띠며 놀랄 만큼 넓은 영역에서 문제가 되고 있다. 사물의 교환에서 시작하여 사람(특히 혼인 체계 안에서의 여성)이나 말의 교환에 이르렀을 뿐 아니라 상징 교환의 문제 범위는 삶과 죽음의 교환에 이르기까지 확장되었다. 그것은 이제 좀 더 넓은 의미의 상호 행위나 커뮤니케이션과 겹칠 정도가 되었다. 그에 비하면 성 풍속으로 일컬어지는 스와핑(부부끼리의 성적 파트너 교환) 등에서는 상품 교환과 유사한 등가 교환의 흔적이 보이는 것 같다.

여기에 넓은 의미에서 교환을 생각할 때 떠올릴 수밖에 없는 연극이 있다. 페르난도 아라발Fernando Arrabal의 「건축가와 아시리아의 황제」라는 연극이다. 일반적으로 연극 자체가 다차원적, 중층적인 상호 행위, 커뮤니케이션, 또는 교환을 체현한 것인데, 이 극의 경우 그런 양상이 아주 철저하다.

무대는 육지에서 멀리 떨어진 외로운 섬이다. 거기에 건축가라 불리는 원시인이 홀로 살고 있다. 추락한 비행기의 유일한 생존자인 아시리아의 황제가 그곳으로 내려온다. 그는 건축가의 생활을 침해하며 상대와 공동생활을 하는데, 지배하고 지배되며 사랑하고 또 미워한다. 마지막에는 건축가가 황제의 유언에 따라 황제를 죽이고 그의 육체를 먹어버린다. (한편 이 아시리아의 황제는 보통 인간의 귀나 코를 잘라 자루에 넣고 그것을 선물하는 것으로 알려져 있다.) 다 먹자 놀랍게도 건축가는 황제로 변신한다. 그뿐만이 아니다. 이번에는 황제 혼자가 된 이 섬에 처음에 막이 오를 때와 거의 달라지지 않은 형태로 추락한 비행기에서 건축가(황제가 아니라)가 내려온다. 이리하여 다시 드라마가 시작되는 데서 막이 내리는 구조다.

극 안의 다른 다양한 상호 행위나 역할 교환 위에서 연기되는 이 마지막 장면을—상대에게 자신의 육체를 주고(먹게 하고), 그 대신 상대로부터 그 존재를 떠맡은 황제, 그리고 잃어버린 자신의 존재를 극적 우주라는 시스템 전체로부터 돌려받은 건축가라는 데서—교환의 관점에서 다시 파악하면, 두 사람 사이에서 이루어지는 한정 교환으로부터 시스템 전체 안에서의 순환이라는 일반 교환으로의 이행을 예기치 않게 보여주는 것이다.

이 극에 대해서는 교환론의 관점에서 달리 말해야 하는 것, 또는 오히려 교환론에 대한 시사가 되는 경우가 있는데, 그것은 나중에 말하기로 하고 그 전에 '교환'에 대한 기본적인 문제로 여겨지는 것을 파악해두고자 한다.

'교환'의 문제를 생각할 때 출발점으로 삼아야 하는 것은 역시 마르크스일 것이다. 그것은 마르크스 안에서 교환의 문제가 해결되었기 때문이 아니라 오히려 문제를 크게 남기는 형태로 다루어졌기 때문이다. 『독일 이데올로기』에서 마르크스는 교환Verkehr의 문제를 크게 다뤘는데, 그 교환 개념은 다의적이고 생산력이 대응하는 교통(나중의 생산관계), 물질적 교통(상품 교환), 및 정신적 교통(언어적 커뮤니케이션)의 모든 것을 포함하고 있었다.

따라서 현재 말하는 넓은 의미의 '교환' 개념은 마르크스에서는 오히려 그 '교통' 개념에 가깝다. 바꿔 말하자면 마르크스는 그 '교통'이라는 사고로 대략적이지만 현재의 '교환'론이 문제로 삼고 있는 거의 모든 영역을 두루 살피고 있었다. 하지만 그 후 그가 걸었던 이론적인 길에서는 앞의 세 가지 교통 개념 중에서 첫 번째 것과 두 번째 것만이 표면으로 나오고, 특히 교환에 관해서는 두 번째 것, 즉 '상품 교환'에 한정되고 말았다.

그 이유로는 그의 관심이 경제학 비판으로 좁혀진 것, 즉 마이클 폴라니에 의거해 구리모토 신이치로栗本慎一郎(『경제인류학』, 1979)가 말한 것처럼 문제를 시장경제에만 제한한 것을 들 수 있을 것이다. 다만 마르크스의 경우에는 노동 생산물이 상품 형태를 취할 때 '수수께끼 같은 성격', 즉 물신성을 띠는 것에 대한 착안이 보여주는 것처럼 직관적인 형태지만 상징 교환(나아가서는 기호 교환)으로 이어지는 견해를 갖고 있었다고 해도 좋다.

그런데 시장경제하에서의 상품 교환이 등가 교환인 것에 비해 '상징 교환'을 대표하는 것은 부등가 교환(또는 오히려 비등가 교환)으로서의 증여 교환이다. 그 전형적이고도 고전적인 예로는 브로니스와프 말리노프스키Bronisław Malinowski(『서태평양의 항해자들』, 1922)가 트로브리안드 군도에서 발견한 '쿨라'나 마르셀 모스Marcel Mauss(『증여론』, 1925)가 콰키우틀 인디언에게서 발견한 '포틀래치'를 들 수 있다.

쿨라의 경우 교환되는 것은 팔찌와 목걸이라는 축제를 위한 장신구인데, 이것들은 사용가치나 교환 가치를 넘어선 재산과 보물이며 증여 교환되는 것은 무엇보다 사람과 사람을 이어주고 사회 시스템을 긴밀하게 하기 위해서다. 왜냐하면 이 두 종류의 재산과 보물은 시스템 전체에서 보자면 반대 방향으로 일반 교환의 형태를 취하며 유통·순환하면서 사람들 사이에 귀중한 커뮤니케이션을 가져오기 때문이다.

한편 포틀래치의 경우 두 우두머리 사이의 증여 교환이 점차 확대되어 귀중한 것을 자꾸 서로 선물하는 경쟁을 하게 되고, 나아가서는 소중한 지참물을 내던지고 태워 없애는 것으로 힘을 과시하게 된다. 이 포틀래치의 마지막 모습은 얼핏 교환의 범위를 일탈한 것처럼 보이지만 오히려 증여 교환의 배후에 있는 정열이나 과잉이 현재화한 것으로 생각해야 할 것이다.

쿨라의 경우도, 포틀래치의 경우도 그렇지만 증여 교환에서 우호 관계는 끊임없이 적대(또는 경합) 관계로 전화할 가능성을 내포하고 있다. 따라서 장 보드리야르(『기호의 정치경제학 비판』, 1972)도 말한 것처럼 경제 교환을 꿰뚫는 원리가 등가성이라고 한다면 상징 교환을 꿰뚫는 원리는 양의성이라고 할 수 있다. 또한 기호 교환을 꿰뚫고 있는 원리가―언어는 차이에서 성립하기 때문에―차이성이라는 것은 말할 것도 없다(→ 18. 차이).

하지만 삶과 죽음의 교환을 말할 때 그것은 어떤 교환의 수준이고, 어떻게 말할 수 있을까. 보드리야르(『상징적 교환과 죽음』, 1976)가 삶과 죽음의 교환을 문제 삼는 것은, 경제적인 등가교환이 현실에서는 죽음을 포함하여, 죽음과 무관할 수 없는 삶에서 죽음을 제거함으로써 상징 교환을 거의 불가능하게 했다고 생각하기 때문이다.

그는 다음과 같이 말한다. "죽음의 부재만이 모든 가치의

'경제적' 교환과 등가물의 조합을 가능하게 한다. 죽음이 조금이라도 주입되면 실로 풍부한 과잉과 양가성이 곧바로 창조되기 때문에 모든 가치의 조합이 붕괴되어버릴지도 모른다." "삶 자체는 가치 법칙에서 벗어나 죽음과 교환되어야 한다." 이 삶과 죽음의 교환이라는 표현은 지나친 의욕으로 인한 실수지만 여기서 그는 경제학의 유효성 원리가 죽음을 포함한 구체적 삶에서 죽음을 박탈함으로써 성립한다는 것을 지적한 것이다.

따라서 얼핏 기이하게 보이는 보드리야르가 죽음 문제를 교환으로 가져간 것은—그가 조르주 바타유Georges Bataille로부터 많은 것을 배웠기에 당연하다고 해도—포틀래치가 보여주는 상징 교환의 과잉과 일탈의 측면을 뒷받침하고 있다. 여기서 처음에 언급한 아라발의 「건축가와 아시리아의 황제」를 돌아보면 바타유가 말하는 과잉에서 유래하는 공희가 바로 자신의 육체를 건축가에게 먹게 하는 황제의 행동에서 보이는 것, 또한 그것을 통해 세계가 갱신되고 황제도 건축가도 죽음을 통해 재생하여 상징 교환을 체현하고 있다는 것을 알 수 있다.

14. 구조론

이미지적 전체성 / 변증법 / 담론의 논리

변증법이라는 번역어가 보여주는 것처럼 예로부터 다이얼렉틱dialectic이란 언어와 관련된 사고로 생각되었다. 플라톤의 경우에는 대화라는 형태로, 또 아리스토텔레스적인 철학 전통에서는 언어로 덮인 겉만 번듯한 진리와 관련된 것으로 여겨졌다.

그런데 헤겔-마르크스적인 변증법에서, 변증법은 언어와의 관계를 잃어버린 것처럼 보인다. 그러나 내 생각에는, 헤겔-마르크스적인 다이얼렉틱도 결코 언어와의 관계를 본질적으로 잃지 않을 뿐 아니라 오히려 그것을 언어적 논리로서 분명히 다시 파악함으로써 변증법의 기능과 의미를 정당하게 평가할 수 있게 될 거라고 생각한다.

변증법을 언어적 논리로 다시 파악할 때 거기서는 두 가지 문제가 떠오른다. 하나는 변증법이 가진 이미지적 전체성 회복이라는 기능이고 또 하나는 구조론과의 확실한 대조다. 그리고 그 둘은 서로 연결되어 있다.

우선 첫 번째는 언어의 특징으로서 개념과 함께 이미지를 포함하고 있다는 것과 관계된다. 이미지란 단순한 심상 따위가 아니라 세계와 관련되는 전체적 성격을 깃고 있다. 그리하여 변증법은 다음과 같이 다시 파악된다. 즉, 그것은 오랫동안 근대철학을 지배해온 분석적 이성이 점점 궁지에 몰려온 이미지적 전체성을 끝까지 논리의 형태를 취하며 구해낸 것이었다고 말이다.

이리하여 종래 직관적으로, 또는 모호하게 파악할 수밖에 없었던 인간적 세계, 특히 역사적 세계가 어떤 정리된 형태 안에서 대립물의 통합과 발전으로서 논리적으로 파악되게 되었다. 그것은 실재의 형태 변화transformation 패턴을 논리화한 것이고, 여기서 사회적 실재의 동태가 파악되었다. 변증법에 대한 이러한 파악은 예전에 우에야마 슌페이上山春平(『변증법의 계보』, 1963)가 변증법적 방법을 직관적 방법과 분석적 방법의 통일로서 특징지은 것과 상통한다.

즉, 우에야마는 다음과 같이 말한다. 헤겔의 용어 중에서 즉자, 대자, 즉자대자라는 용어가 변증법을 특징지은 것으로 잘 알려져 있는데, 즉자란 직접성을 나타내고 대자란 매개성을 나타낸다. 직관적 방법은 사유의 직접성을 중시하고 분석적 방법은 매개성을 중시한다. 변증법적 방법은 직접성과 매개성을 통일적으로 파악하려는 것이다. 요컨대 그것은 대상을 우선 직접적, 직관적으로 파악하고 이어서 매개적, 분석적으로 다시 파악하는 것을 학적 인식의 기본 방침으로 채택한다. 대상을 직관적으로 파악하는 것은 전신적全身的, 실천적으로 대상에 달려드는 것이다. 그러나 그것에 그치기만 해서는 그저 주관적인 것에 머문다. 그래서 주관적, 직관적으로 파악한 대상의 모습이 과연 실재 대상의 모습과 일치하는지 아닌지 살펴봐야 하고, 거기서 분석적 방법이 전면에 등장한다. 직관적으로 파악된 대상의 모습은 단순한 여러 요소로 분해되고, 그런 여러 요소는 테스트를 받게 된다. 거기서 살아남은 여러 요소로부터 대상의 전체 모습이 재구성되는 것이라고 말이다.

요컨대 여기서 우에야마는 내가 말하는 이미지적 전체성—그것은 전신적, 실천적으로 대상에 달려드는 것의 기초가 된다—의 회복을 직관적 방법의 출발점으로 삼은 것이다.

그런데 변증법 논리에 대해 말하자면, 그것은 하나의 정립(테제)에 대해 적어도 논리상 모든 반정립(안티테제)을 세울 수 있기 때문에, 또한 거기에서 다양한 종합(진테제)을 얻을 수 있기 때문에, 그것들을 통해 다양한 전체적 관련을 논할 수 있다. 하지만 그 때문에 오히려 변증법 논리는 자의적이 되기도 하고 또 역으로 고정화되어 도그마가 되기 쉽다. 그러므로 분석 이론의 입장에서 "변증법은 논리가 아니다"라고 비판한 것은 그 자의성, 즉 자유도를 공격한 것으로서는 옳았다. 그러나 그 비판은 언어의 논리, 언술discourse의 논리라는 성격을 보지 않았던 것이다.

변증법이 언어의 논리이고 언술의 논리라는 것은, 그것이 한꺼번에 대상 전체 또는 진리를 파악하려는 것이 아니라 말을 쌓아 올려—즉 디스커시브discursive하게—대상의 진리에 반복 접근해가는 것이라는 사실이다. 디스커시브는 논증적, 또는 추론적이라고 번역되어 변증적dialectic과 대립되는 일도 있지만 그것은 제2차적, 파생적인 구별에 지나지 않는다. 그리고 좀 더 말하자면 변증법이 언술의 논리이며 디스커시브한 성격을 갖고 있다는 것은 언어활동의 두 축, 선택축(연합 관계)과 결합축(통합 관계) 중에서 선적線的인 후자에 따른 언어의 논리라는 사실이다. 은유적인 것과 환유적인 것이라는 분류로 말하자면, 변증법은 환유적인 언어의 논리라는 이야기가 된다.

일찍이 변증법이 과학적이라고 여겨진 것도, 비유한 것과 비유된 것이 동일한 실재의 수준인 환유적인 성격에서 기인하는 바가 컸을 것이다. 환유적 표현의 리얼리즘이 과학적이라고 생각되기 십상인 것처럼 말이다. 그리고 특징적인 부분에 의해 이미지적 전체화를 행한다는 환유법의 유효성과 약점은 그대로 변증법의 유효성과 약점이 된다. 즉, 환유법도 변증법도 이를테면 눈에 보이는 현실 세계의 사물을 매개로 한 이미지적 전체화의 방법인 것이다.

이런 까닭에 환유법도 변증법도 이미지성을 포함하는 한 인간 활동의 무의식적 부분도 나타낼 수 있지만, 그 구조에서 보면 무의식적인 부분의 표현은 아무래도 한정된 것이 되지 않을 수 없다. 여기서 그것을 대신하는 것으로 나타난 것이 '구조론'이다. 프랑스 구조주의와 함께 부각된 구조론의 특징은 우리 인간의 관습, 습속, 감성 안에 숨어 있는 무의식적인 시스템, 또는 보이지 않는 제도를, 언어를 모델로 하여 밝히는 것이었다.

이 구조론적 방법을 우리는 변증법과 대비하여 다음과 같이 파악할 수 있다. 즉, 변증법이 주로 현실계와 관련되는 결합축(통합 관계, 인접 관계)에 따른 이미지적 전체화의 방법이고 환유적인 언어의 논리라고 한다면, 그에 비해 구조론은 주로 상징계(심벌의 차원)와 관련되는 선택축(연합 관계, 범례 관계)에 따른 이미지 분절화의 방법이며 은유적인 언어의 논리인 것이다. 은유란 예를 들어 눈雪으로 결백함을 나타내는 것처럼 비유하는 것과 비유되는 것이 다른 존재 차원에 있기 때문에 눈에 보이는 것으로 눈에 보이지 않는 것을 나타낼 수 있는 것이다. 다시 말해 변증법이 현재적顯在的으로 시간에 따른

통시적인 것, 역사적인 것과 관련된 것에 비해 구조론은 잠재적이고 공간에 따른 공시적인 것과 관련된다. 이리하여 변증법에서는 파악하지 못했던 부분의 빈틈을 메우고 그 약점을 커버하기 위해 또 하나의 로고스로서 구조론이 요청되어 나타난 것이다. 흔히 잘못 생각하듯이 변증법은 구조론에 의해 단지 부정당한 것이 아니다. 오히려 양자는 서로 보완히는 관계에 있다. 그렇다고 해도 변증법이란 언술의 논리로서 재인식된 것이기는 하다.

15. 코스몰로지

블랙홀 / 존재의 커다란 연쇄 / 현실과의 생명적 접촉

'정신의 코스몰로지'라는 제목으로 번역(마쓰모토 고시로松本小四郎와 공역)해서 출간한 유진 민코프스키Eugène Minkowski의 저서 원제를 직역하면 '하나의 코스몰로지Vers une cosmologie'이다. 이 '하나의'라는 한정은 말할 것도 없이 그 배후에 이른바 코스몰로지, 즉 과학적 우주론이 있기 때문이다. 그렇다면 과학적 우주론과 정신의 코스몰로지란 어떤 관계에 있는 것일까.

다행히 사토 후미타카佐藤文隆가 『빅뱅의 발견』(1983)의 서론인 「우주론이란 무엇인가」에서 그것을 다루고 있다. 즉, 우주라는 말은 생명이라는 말과 마찬가지로 자연과학의 인식 대상이 되는 것만으로는 아까운 풍부한 내용을 갖고 있다. 그것은 우리의 '안'과 '밖'의 모든 것을 포함하는, 가치 있는 존재의 총칭이다. 우리가 어떤 곳에 있고 어떻게 존재하게 되었는지를

알고 싶어 하는 인간의 욕구와 함께 우주론이 시작되었다고 할 수 있다. 우주론은 종교나 예술 등 인간의 다양한 정신 활동의 온상이었고 근대과학을 낳은 부모이기도 했다.

어떤 문명도 처음에는 주위의 사물이나 일을 모두 의인화했다. 인간 감정의 움직임을 그 행동에 투입하여 해석하고 자신의 행동을 관리했다. 그러나 인류는 점차 그것들의 설명을 체계적인 이야기로 발전시켜 신화라는 하나의 형이상학을 만들어왔다. 그런 의미에서 각각의 문명이 가진 신화야말로 우주론의 시작이었다. 이처럼 뭔가를 체계화하려고 할 때 필요한 틀이 우주론이었다고도 할 수 있다. 그리고 『빅뱅의 발견』에서 다루려는 우주론은 현대의 자연과학이라는 틀을 통해 파악된 우주상이자 어디까지나 하나의 우주론이라고 사토 후미타카는 말한다.

이 말은 과학적 우주론의 전문가가 그 우주론을 스스로 상대화하고, 역시 '하나의 우주론'으로 위치시키는 점에서 주목할 만하다. 여기서 우주가 우리 인간의 외부만이 아니라 내부와도 관련된 것으로 여겨지고, 또한 그것은 근대과학을 낳은 부모였을 뿐 아니라 종교나 예술의 온상이기도 했다는 것이 확실히 인식되고 있다.

그런데 이렇게 하여 과학적, 천문학적, 외적 우주론은 종교나 예술로 통하는 메타포리컬metaphorical한 내적 우주론과 일단 구별되지만 과연 이 구별은 절대적인 것일까. 아니다. 왜냐하면 우주론=코스몰로지는 아무리 '과학'화해도 메타포리컬한 성격, 심벌릭한 성격을 잃지 않기 때문이다. 예컨대 여기에 새로운 천문학 중에서 자주 화제가 되는 '블랙홀'이라는 것이 있다고 하자. 어떤 별의 중력이 너무 강할 때 어떤 것도 그 별의 인력권에서 절대 빠져나올 수 없다. 빛도 빠져나올 수 없다. 그러므로 그것은 암흑(블랙)이고 또 거기에 떨어지면 그것을 마지막으로 더 이상 밖으로 나올 수 없기 때문에 그것은 함정(홀)이다. 그러나 이 '블랙홀'이라는 것은 노자老子의 '현빈지문玄牝之門'―현은 흑黑을, 빈은 유幽를 나타낸다―을 떠올리게 할 뿐 아니라 놀랍게도 메타포리컬한 표현이 아닌가.

사토 후미타카도 다음과 같이 말한다. "'과학적' 우주론이 아무리 인간의 위치를 상대화하건 그것은 인간의 우주론이다. 우리는 내던져진 시간, 공간의 광대함과 아무런 이유도 없는 출생에 고독을 느끼기보다는 개척지 '우주의 해명解明'을 구축해온 인류라는 커뮤니티에 연대감을 느낄 것이다."

그렇다면 과학적 우주론이 확실히 분화하고 자립하게 된 것은 언제쯤일까. 또한 그것은 어떤 형태로 이루어졌을까. 대충 말하자면 그 분화=자립이 이루어진 것은 코페르니쿠스와 뉴턴 사이고, 거기에서 변화의 기준이 되는 것은 1. 인간 중심의 천동설적인 사고에서 자기 위치의 상대화, 2. 무한 공간의 출현에 의한 유기적 코스모스의 붕괴다.

러브조이Arthur Oncken Lovejoy(『존재의 대사슬』, 1936)도 말한 것처럼 중세적 우주는 인간이나 지구에 비하면 거대하기는 하지만 명확히 한정되어 있고, 따라서 사람은 그것을 마음에 떠올릴 수 있었다. 15세기 사람들은 성벽으로 둘러싸인 지역에서 살았던 것처럼, 이를테면 성벽으로 둘러싸인 우주에 살고 있었다. 다시 말해 세계는 명료하고 이해 가능한 통일적 구성을 가지며 더할 나위 없이 단순하고 완전한 형태를 갖고 있는 것으로 생각되었던 것이다.

이에 비해 유기적 코스모스의 붕괴를 예리하게 보여주는 것 중 하나를 들자면 그것은 "이 무한 공간의 영원한 침묵이 나를 전율케 한다"는 파스칼(『팡세』)의 말일 것이다. 이 말은 다음 세 가지 점에서 아주 중요한 의미를 갖고 있다. 1. 먼저 거기에는 근대 과학의 가장 중요한 성과인 균질적인 무한 공간의 발견이 확실히 문제시되고 있다. 2. 그것이 유기적 코스모스가 붕괴한 후 무의미해진 세계의 공포와 대비되고 있다. 3. 그것을 통해 근대 지식의 비판을 선취하고 현재의 코스모스 재건 동향과 분명히 결부되어 있다.

현재 문제가 되는 코스몰로지―정신의 코스몰로지―란 일반적으로 우리가 사는 세계를 살아갈 수 있는 공간, 농밀한 의미를 가진 장소로 파악하는 데 있다. 그리고 농밀한 의미를 가진 장소란 강한 방향성을 포함함과 동시에 현저한 상징성으로 구별되어 배치된 장소를 말한다. 그 구분은 무엇보다 성과 속이라는 이분법 또는 성과 속과 부정不淨이라는 삼분법에 기초하여 실용성이 아니라 상징성―심층의 의미 작용을 나타내는 상징성―의 관점에서 이루어지고 있다. 그러므로 사는 공간 또는 거처로서의 도시를 코스몰로지적으로 파악하는 것은, 그것을 농밀한 의미를 띤 상징 표현의 배치로서 파악하는 것이기도 하는 것이다.

다만 정신의 코스몰로지라고 해도 민코프스키(앞의 책)의 경우에는 인간의 기본적 감각―이른바 오감―, 즉 시각, 청각, 후각, 미각, 촉각 작용의 은유적 의미 안에서 우주성을 파악하려고 한 것이다. 예를 들어 청각적인 것으로서 반향하는 것을 생명의 본질적 현상으로 다시 파악하고 독특한 형태로 뭔가를 채울 수 있는 것처럼 말이다. "그릇이나 숲은 소리에 의해 채워진다는 사실에서, 그 자체로 갇힌 일개 전체로서 일종의 소우주Mikrokosmos를 형성하고 있다"라고 그는 말한다. 또한 촉각은 다른 감각들의 기초를 이룰 뿐 아니라 우주의 모호함을 풍부하게 바꾸는 기능을 갖고 있다고 여겨진다. 그의 말로 유명한 "현실과의 생명적 접촉"이란 이런 사고를 배경으로 하여 말한 것이다.

이 '현실과의 생명적 접촉'의 결여는 분열병(→ 34. 분열병)

의 증후로서 중요한 것인데, 민코프스키에 따르면 이 '현실과의 생명적 접촉'은 "촉각적으로 닿는 것보다 반향하는 것과 닮았다", 오히려 "환경에 동조하여 진동한다"고 말해야 할 것이다.

16. 아동

심층적 인간 / 작은 어른 / 이문화異文化

나중에야 새삼스레 그 의미가 큰 것에 깜짝 놀랐지만, 1960년대의 첫 3년간 명확한 형태로 보인 세 가지 새로운 인간의 발견이 있었다. 필리프 아리에스Philippe Ariès의 『'아동'의 탄생』(1960)에 의한 아동의 발견이고, 미셸 푸코의 『광기의 역사』(1961)에 의한 광인의 발견이었다.

이 세 가지 새로운 인간이란 근대 유럽의 휴머니즘이 자신들의 사회 내부와 외부에서 잊고 있던 심층적 인간인데, 1960년대 중반부터 '구조주의'가 유행하는 가운데 먼저 레비스트로스와 함께 미개인과 야생의 사고, 이어서 푸코와 함께 광인과 광기가 각광을 받았다. 그에 비해 아리에스의 작업이 일반 사람들에게 좋은 평가를 받게 된 것은 1970년대에 들어서고 나서다.

그 점에 대해 재미있는 에피소드가 두 가지 있다. 하나는 아리에스의 작업이 처음에 미국에서 좋은 평가를 받게 되고, 그것이 실수로 미국 사회학자의 작업으로 생각된 상태에서 프랑스로 역수입되었다는 사실이다. 또 하나는 푸코의 『광기의 역사』를―출판사의 편집고문으로서―세상에 내놓은 이는 아리에스였는데, 푸코가 콜레주 드 프랑스의 敎授(최고의 교수직)가 된 1960년에는 아직 아리에스의 이름이 일반 사람들에게 알려지지 않았다는 사실이다.

이는 아리에스에 의한 아동의 발견이 가지는 의미가 그만큼 알기 어려웠다는 것, 즉 현대인에게 아동이 그만큼 보이기 힘들었다는 사실을 말해주는 것이다. 타성화된 시선에서는 미개인보다는 광인, 광인보다는 아동이라는 식으로, 가까운 존재가 훨씬 포착하기 힘들었던 것이다.

그렇다면 아리에스가 우리에게 밝혀준 것은 무엇이었을까. 그것은 우리에게 자명한 것으로 여겨졌던 아동이라는 관념이 예로부터 쭉 있었던 것이 아니라 근대 가족의 형성·성립과 함께 나온 것이며 그 이전의 아동관은 전혀 달랐다는 점이다.

즉, 근대 이전의 유럽 사회에서는 사람들에게 '아동'이라는 시기가 없었고, 인간은 처음부터 '작은 어른'으로 여겨졌다. 그것도 혼자 자신의 볼일도 볼 줄 모르는 가장 약한 짧은 시기에만 한정되었고, 그럭저럭 스스로 볼일을 볼 줄 알게 되자 '젊은 어른'으로서 어른으로 여겨져 일도 놀이도 어른들과 함께 하게 된다. 그런 것을 통해 어른들이 하는 것을 도우며 살아가는 데 필요한 지식을 배웠다. 당시 사회에서 아동은—양가의 아이라도—허드렛일이나 가사를 도왔고, 가정 내에서 소중하게 길러지는 것은 전혀 생각할 수 없었다.

그뿐만이 아니다. 아동이 어려서 죽었을 경우, 사람들은 슬퍼하지 않은 건 아니지만 둘도 없이 소중한 존재라고는 생각하지 않고, 오히려 곧 대신할 아이가 태어날 것으로 생각했다. 다시 말해 아동은 아직 익명 상태의 대체할 수 있는 존재였던 것이다. 아동의 복장도 근대 이전 사회에서는 특정한 것이 없고, 어른과 같은 복장을 입었다.

아리에스가 밝힌 이런 것을 읽으면 우리는 한편으로 아동에 대한 근대적인 고정관념이 깨지고 동시에 마음이 복잡해진다. 왜냐하면 아리에스가 근대 이전의 유럽 사회에서 보는 아이의 모습은 야나기타 구니오(예컨대『아동 풍토기』, 1942) 등에 의해 우리가 알고 있는 근대 이전 일본 사회의 아동 모습과 겹치는 바가 많기 때문이다. 오늘날처럼 아동이 사회에서 특별한 취급을 받지 않았다는 것, 나이 많은 동료로부터 사회생활의 규칙을 배우는 일이 많았다는 것 등등이다.

그뿐 아니라 예전의 일본에서—야나기타 구니오를 언급하며 야마구치 마사오(「'아동의 세계'에서 '어른의 세계'로」, 1980)가 강조한 것처럼—아동은 오히려 신에 가까운 고유한 존재로서 인정되었고 독자적인 세계를 가진 존재로 간주되었다. 즉, 대부분의 사회에서 아이는 신이라고 생각되었는데, 일본 사회에서도 옛날부터 그러했다. 다만 일반적인 생활에서 그런 생각은 직접 표면화되지 않고 잠재적으로 신이라고 생각되었다.

그리고 아ㅏ기타가 보여준 것처럼 얼핏 아무런 의미도 없는 것처럼 보이는 아동의 놀이가 그 원류로 거슬러 올라가면 신을 모시는 행사였던 예가 적지 않다. 즉, 아동은 못된 장난까지 포함한 순진무구함 때문에 신이 스스로를 드러내 인간 세계에 자신의 의지를 전하는 중개자로서 쓰기 쉽다고 여겨졌다. 아동이 참가한 많은 행사는, 신에 관한 행사에 대한 관심이 쇠퇴하자 한구석에 유희로서 남겨졌다.

이처럼 일본에서 아동은 신에 가까운 존재로 간주되었다. 그러나 그것은 루소가 『에밀』 등에서 말한, 자연의 선성善性과 결부된 선량함과 순수함이라는 인식 방법과는 다른 것이다. 루소에 의한 이러한 인식 방법은 합리주의적 근대 지식의 지배 안에서 당시로서는 획기적인 것이었다. 하지만 지금 돌이켜보면 오히려 낭만주의적 근대의 '아동 신화'의 원류라는 측면을 갖고 있다. 또 그것은 "자연은 아동들이 어른이 되기 전에 아동인 것을 바라고 있습니다"라는 말이 보여주는 것처럼 아동을 어른의 전 단계로만 파악하는 발달심리학의 사고와도 연결되어 있다.

예전의 일본에서 아동이 신에 가깝다고 간주되었다는 것은 아동이 단지 순진하다거나 무구하다고 하지 않고—난폭한 신이기도 하는 것으로서—동시에 몹시 거칠고 잔혹하다는 것, 즉 근원적 자연도 체현하고 있다는 것을 의미한다. 어쨌든 지금 우리에게 필요한 것은 아동의 세계 또는 우주를 어른의 눈으로 본 규준이나 바람직한 모습 안에 가두는 것이 아니라 그런 우주의 독자성과 원시성을 전체적으로 파악하는 일일 것이다. 그리고 그때 아동의 세계는 어른에게, 이를테면 '이문화' 세계로서 나타나게 된다.

혼다 마스코本田和子(『이문화로서의 아동』, 1982)도 말한 것처럼, 아동에 대한 우리의 시선이 과학적 치장을 한 발달심리학적 아동관의 구속에서 자유로워질 때 아동은 우리 어른에게 그 타자성을 드러내게 된다. 왜냐하면 아동들은 자연히 반질서성의 체현자이고, 이를테면 문화 밖에 있는 존재로서 그 존재 자체가 질서를 되묻고 있기 때문이다. 아동의 일탈적인 모습이 사람들을 위협하고 어른들을 정체불명의 불안에 빠뜨린다.

아동의 이러한 침범에 대해 어른＝질서는 자신을 지키려고 한다. 그리고 아동들의 본래 모습을 배제하는 장치를 만들어낸다. 한편 아동들도 본래의 모습을 숨기고 질서 안에 편입됨으로써 자신의 장소를 확보하려고 한다. 그런데 무자각적으로 그것이 발달이라 불리고 그것을 재촉하는 것이 교육으로 여겨졌던 것이 아닐까. 오히려 필요한 것은 아동을 확실히 타자 또는 이문화로 간주하는 것이다. 그때 아동은 우리 어른이 세계를 다시 파악하고 세계와 새로운 관계를 맺기 위해 큰 시사점을 줄 것이다. 다만 아동의 주제화는 그 경우에도 아동 부재가 되는 함정에 빠지기 쉽기 때문에 그 점에 주의해야 하지만 말이다.

17. 코먼센스

상식 / 공통감각 / 공감각

'코먼센스'는 보통 '상식'으로 번역되고, 때로는 단순한 상식, 즉 흔해빠진 사고로서, 때로는 건전한 상식, 즉 균형 잡힌 어른의 사고로서 받아들여진다. 그러니까 어느 경우에나 상식은 전문적인 지식, 학문(에피스테메)과 비교되어 앞의 경우에는 더욱 표면적인 지식, 뒤의 경우에는 더욱 경험에 뒷받침되어 사물의 여러 측면을 고려한 지식으로 여겨진 것이다. 그리고 코먼센스는 뒤의 의미로 특별히 영국적인 지식의 양상이라고 생각되고 있다.

영국인 자신이 코먼센스에 대해 말한 고전적인 예로서 18세기의 영국 철학자 새프츠베리3rd Earl of Shaftesbury의 다음과 같은 말이 있다. "코먼센스란 공공의 복리와 공통의 이익에 대한 사려sense, 공동체나 사회에 대한 사랑, 자연스러운 감정, 인간다운 마음, 친절, 인류 공통의 권리에 대한 정당한 감각에서 유래하는 종류의 공손한 태도 및 동포 안에서의 자연스럽고 아름다운 성질을 말한다"(『인간의 특질』, 1711). 또한 그는 특히 정치 감각으로서의 코먼센스를 강조하며 말한다. 우리 영국인은 조상으로부터 물려받은 좋은 정치 감각을 가져 공중公衆이나 입헌제라는 관념을 갖고 있다. 우리는 그런 사항에 대한 기준을 알고 있고, 권력과 정의의 균형에 대해 적절하게 판단할 수 있다. 지식의 증대는 정치적인 코먼센스 및 그 기초를 이루는 도덕적 코먼센스를 우리에게 한층 이해하기 쉽게 한다고 말이다.

고바야시 히데오小林秀雄는 「상식에 대하여」(『생각하는 힌트 2』, 1974)에서 코먼센스＝상식을 데카르트가 말하는 봉 상스(bon sense, 양식) 또는 이성과 간단히 동일시하고 있지만 이 둘은 그렇게 간단히 동일시할 수 있는 것이 아니다. 왜냐하면 데카르트가 말하는 양식＝이성은 누구나 태어나면서 받았다고 생각될 뿐 아니라 사고에 의한 자기 근거 지움―"나는 생각한다, 고로 나는 존재한다"―에 의해 자립한 성격을 갖고 있기 때문이다. 봉 상스＝이성의 경우, 적어도 그런 경향이 강하고 경험의 축적에 의해 얻어지는 코먼센스＝상식과 같다고는 말할 수 없다.

그 점에 관해 재미있는 것은 봉상스＝이성도, 코먼센스＝상식도 그 근거를 자명성, 즉 설명하지 않아도 분명한 것에 놓고 있는 점이다. 그러나 이 경우 그 자명성의 내용은 같은 것이 아니다. 전자의 그것이 의식적인 자명성이라고 해야 할 명석·판단인 것에 비해 후자의 그것은 주위 사람들이 누구나 아주 당연한 것으로 알고 있는, 이를테면 무의식적인 자명성이다. 후자의 자명성을 상실하는 것이 일종의 분열병의 기초 장애라고 생각된다는(볼프강 블랑켄부르크Wolfgang Blankenburg) 것에 대해서는 '분열병' 항목에서 다루기로 한다.

그런데 지금까지 나는 상식이라 번역되는 '코먼센스'에 대해 말해왔는데, 여기서 코먼센스를 공통감각으로 번역하면 어떨까 하고 일찍부터 제언한 사람이 있다. 1940년 후반기에 「공통감각에 대하여」를 쓴 후카세 모토히로深瀬基寛다. 그는 왜 그렇게 번역하려고 했을까. 후카세는 이렇게 썼다. "'상식'이라는 말이 너무 상식화되어 감각을 잃었기 때문에 '공통감각'이라는 비상식적인 말로 치환할 필요가 있다." 즉 상식 관념을 다소 생생한 문제로 파악하기 위해 일부러 '공통감각'이라고 직역하여 "인간의 감각 양상의 한 형태로 생각"해보는 것이다.

그리고 이런 방식으로 해보면 "주변 풍광이 일변하여 지금까지 한 조각의 생활 기술로 보였던 것이 거의 모든 문제의 핵심적 위치로까지 육박해와 우리를 노려보는 것처럼 느껴진다"고도 후카세는 말한다. 그렇다면 그 경우 코먼센스는 어떤 감각으로 나타날까. 코먼센스＝공통감각은 '제6감'이라는 형태로 오감의 애물단지처럼 간주되는 경우가 많지만, 그것에 오감 전체를 지배하는 지위를 주면 어떨까. 심적인 하나의 중추로서 오감의 모든 것에 통하는 것으로서 말이다.

후카세가 이렇게 말할 때 그 '공통감각'은 이미 영어 코먼센스를 넘어 아리스토텔레스의 '센수스 코무니스Sensus Communis', 그리스어의 코이네 아이스테시스koine aisthesis에까지 이른다. 하지만 영어 코먼센스는 사실 아리스토텔레스적인 '센수스 코무니스', 즉 오감을 관통하여 그것들을 통합하는 근원적 감각에서 파생된 것이다. 바꿔 말하면 모든 감각에 공통으로 관련된 것이었던 본래적인 의미에서의 공통감각이 사회의 성원들 사이에 공유되는 진지한 판단, 즉 코먼센스＝상식의 의미로 바뀌게 된 것이다. 이 전화轉化의 사정은 분명하지 않지만 적극적인 의미에서의 코먼센스＝상식, 즉 사물의 다양한 측면을 고려하여 내리는 직관적이며 종합적인 판단이 성립하기 위해서는 센수스 코무니스＝공통감각에 의한 모든 감각(이른바 오감)의 통합적인 사용이 필요하다고는 말할 수 있을 것이다 (나카무라 유지로, 『공통감각론』, 1977 참조).

여기서 아리스토텔레스가 말하는 '공통감각'의 내용을 좀 더 분명히 해두자면 다음과 같다. 우리 인간은 다른 종류의 감각, 예컨대 시각상의 흰색과 미각상의 달콤함을 구별하여 느낄 수 있다. 이런 식별이 무엇에 의해 이루어지는지를 생각해보면, 구별하여 느끼는 것은 판단 이전의 기능이라 그 식별은 일종의 감각 능력에 의한 것이라 여겨진다. 그러나 그것은 개별적인 감각이 아니라 다른 종류의 여러 감각과 관련된 동일한 능력이어야 한다. 그리하여 '공통감각'이라는 존재가 근거 지어진다.

이 공통감각이 드러나는 것을 가장 알기 쉬운 형태로 보여 주는 것은, 예컨대 '희다'나 '달다'라는 형용사가 시각상의 색이나 미각상의 맛의 범위를 훨씬 넘어서서 말해진다는 점이다. 예를 들어 '달다甘い'에 대해 '장미의 달콤한甘い 향기' '칼끝의 무딤甘き' '세상 물정을 모르는 안이한甘い 생각'이라는 식으로 말이다. 또한 아리스토텔레스에서는 운동, 정지, 모양, 크기, 수, 통일 등 개별 감각에 의해 파악할 수 없는 대상을 지각하는 것도 공통감각의 작용이고, 상상력을 담당하는 것도 공통감각이라고 여겨진다.

또한 공통감각과 깊은 관계가 있는 인간의 또 한 가지 기능으로 공감각synesthesia이라는 것이 있다. 이는 음악을 들으면 색이 보이는 현상인데, 예컨대 미야자와 겐지宮沢賢治에게도 소리에서 색채 또는 빛이 느껴지는 등 공감각 현상이라 보이는 것이 적지 않다. 실험으로 밝혀진 것을 말하자면 여러 감각은 각각의 세계를 갖고 있다고 하더라도 서로 관련되고 통일되고 교류한다. 그리고 예를 들어 더욱 강한 소리는 색의 잔상을 강화하고, 소리의 중단은 그것을 흔들고, 낮은 음은 청색을 한 층 짙은 색으로 하는 것이다. 이런 공감각 현상은 이상한 일이나 예외적인 일이 아니라 평범한 일이다. 메를로퐁티(『지각의 현상학』, 1945)도 거기에서 "우리는 헤르더와 함께 '인간이란 일개 영속적인 공통 감관이다'라고 말하고 싶다"고 하며 공통감각이라는 존재를 근거 짓는다.

18. 차이

동일성 / 반복 / 차별

현대만큼 '차이'의 문제가 범람하고, 게다가 혼란스러운 때는 없었다. 차이가 동일을 대신하여 철학상의 중심 문제가 되는가 싶더니 언어학에서는 "언어 안에 있는 것은 차이뿐이다"라고 말한다. 또한 사회적으로는 취미, 학력, 지위 등의 점에서 기꺼이 차이(다름)가 강조되는 반면, 이른바 차별은 금기가 되고 있다. 그러므로 여기서는 넓은 의미에서의 차이가 문제가 되는 배경을 둘러보고 동시에 다양한 국면에서 그러한 차이 사이에 어떤 관계가 있는지를 밝혀보고자 한다.

철학적으로 말하면 차이의 문제는 절대자로서 신의 동일성―지고의 의미를 가진 자를 지고한 존재와 동일시하는 것―을 근거로 하는 신학적인 형이상학에 대한 비판과 그 붕괴에서 유래한다. 유한한 자각적 존재로서의 인간은 이상이나 목표를 향해 있는 그대로가 아닌 것에 골몰한다. 그리고 거기에서 역사가 형성된다. 자연적 존재로서 인간의 동일성 — 있는 그대로 있는 것 — 에 개입해온 이 차이성을, 높은 차원에서 다시 동일성 안으로 거둬들이려고 한 것이 변증법이다. 하지만 이런 방법은 차이를 동일성 아래에 종속시키는 것이 아닐까.

차이의 철학이라고도 하는 것을 가장 자가적으로 내세우려고 한 사람은 질 들뢰즈다. 들뢰즈(『차이와 반복』, 1968)에 따르면 지금까지의 철학은 바로 '재현전再現前 = 표상représentation의 철학'이다. 그것은 동일성 원리의 권위 아래에 있고 접두어 re가 보여주는 재再라는 의미에 이 원리의 각인이 보인다. 어떤 것도 그것이 동일한 것으로 재발견되기 위해서는 재현전화해야 한다. 그래서 이런 유의 철학에서 미지의 것은 아직 재인식되지 않은 기지既知의 것에 지나지 않고 또 배우는 것은 상기하는 것이고 만나는 것은 재회하는 것이며 출발하는 것은 재래再來하는 것이다, 라고 말한 것이다.

참으로 합리주의 철학이 놓치고 있는 것은 '차이' 자체다. 발견과 재발견의 차이는 하나의 경험과 그 되풀이의 차이며, 여기서 저절로 반복이라는 것이 특별한 의미를 갖게 된다. 쌍둥이라든가 대량생산이라든가 하는 경우처럼 반복이 완벽하면 할수록 어디에 차이가 있는지 점점 더 — 합리주의 철학의 입장에서는 — 파악하기 힘들어진다. 반복이란 결코 동일한 것의 반복이 아니라 일종의 차이를 산출하는 일이다.

반복이 가진 이 적극적인 의미를 밝혀주는 것은 자크 데리다(『목소리와 현상』, 1967)의 "처음에 반복이 있었다"라는 말이다. 그것은 미리 뭔가 원본이 있고 그 모사가 만들어지는 것이 아니라 원본 자체가 이미 모사라는 것을 보여준다. 그리고 이 "처음에 반복이 있었다"는 말은 또 쉽게 "처음에 기호가 있었다"는 말로 이어진다.

이처럼 차이의 적극적 평가는 차이의 산출로서의 반복, 나아가 기호의 적극적 평가에 이르지만, 이것은 결코 이유 없는 일이 아니다. 왜냐하면 원래 차이에 대한 적극적인 주장은 현대 언어학의 시조라고 할 만한 소쉬르(『일반언어학 강의』, 1916)의 혁명적인 언명, "기호는 본질적으로 변별적이고" "언어(랑그) 안에 있는 것은 차이뿐이다"라는 말 안에서 이미 보였기 때문이다.

그리고 소쉬르의 이 말은 다음과 같은 것을 의미한다. 기호는 하나하나로는 아무것도 의미하지 않고 그 각각은 하나의 의미를 나타낸다기보다는 다른 기호와의 격차를 나타내고 있다. 언어(랑그)에서 용어는, 용어 사이에 나타나는 차이에 의해서만 생긴다. 예컨대 일본어에서 나무를 나타내는 벚나무는 매화나무나 소나무 등과 오로지 소리의 차이—관념의 차이와 결부된—에 기초하고 있다. 그리고 언어와 차이에 대한 그의 생각이 중요한 것은 그것이 좁은 의미에서의 언어verbal language를 넘어 몸짓, 제의, 음악, 영상 표현 등 광의의 말 또는 문화적 기호에까지 이르기 때문이다.

그렇다면 문화란 차이의 체계라는 것이 되지 않을까. 그렇다고 하지 않을 수 없다. 나중에 '폭력' 항목에서도 언급하는 것처럼 르네 지라르René Girard도 문화의 기초에 공희(› 36. 희생양)를 놓았을 때 공희의 메커니즘이 위기에 빠지는 것은 더러운 폭력과 깨끗한 폭력과의 구별＝차이가 사라졌을 때라고 했다. 즉, 그때 더러운 전염성의 폭력이 순식간에 사회 안에 확산되고 그에 따라 주위에 있는 것들의 다양한 차이가 사라져간다. 따라서 공희의 위기는 여러 가지 차이의 위기, 즉 문화적 질서 전체의 위기로 파악되어야 한다. 왜냐하면 문화적 질서란 다양한 차이가 조직된 체계와 다르지 않기 때문이다. 그는 이 사고를 축제라는, 현대에도 통하는 문제에도 적용한다. 즉, 축제(→ 2. 놀이) 안에도 차이가 사라진 축제, 의례화되지 않은 축제, 속죄의 희생물과도, 그것이 복원하는 사회적 통합과도 전혀 관련성을 갖지 않게 된 축제가 있다. 그런 유의 축제에서는 설령 외관이 무척 화기애애해도 그 근저에는 사적이고 노골적인 폭력이 숨어 있을 뿐 아니라 축제 자체가 영원한 휴일이라고도, 여가의 세계라고도 할 만한 것으로 변질되고 만다.

이처럼 휴일이 영원화하고 여가가 만성화한다는 것은 원래 형용모순이라고 할 수밖에 없지만 현재에는 우리에게 그만큼 진기한 풍경은 아니다. 그렇다면 이 항목의 첫머리에서 말한 것, 즉 취미, 학력, 지위 등의 점에서 현재 기꺼이 차이(다름)가 강조되고 있는 것은 어떻게 설명되는 것일까. 얼핏 정반대인 그것과 이것은 대체 어떻게 이어지는 것일까.

확실히 현상적으로 보면 현재 그런 점에서 기꺼이 차이(다름)가 강조되고 있는 것처럼 보인다. 하지만 한 발짝 더 들어가 생각해보면 그런 차이(다름)는 풍부한 가치의 다양화를 가져오는 본래적인 의미에서의 차이가 아니라 가치가 빈약한 단일화에 기초하는, 그 안에서의 차이(다름)에 지나지 않는다는 것을 알 수 있다. 바꿔 말하면 그것은 차이가 아니라 동일성에 기초한 것이다. 그것은 또 차이를 포함하고 낳는 자기동일성(→ 1. 아이덴티티)이 아니라 경직되고 고정화된 동일성이라고도 할 수 있다. 예컨대 취미의 차이(다름)라고 해도 대부분 브랜드 신앙이나 고가의 물건은 좋은 것이라는 가치관, 중심 지향의 패션에 의한 것과 다름이 없다. 또한 학력의 편차값은 인간의 능력 전체 중에서 극히 제한된 능력을 기준으로 측정될 뿐 아니라 그것을 높이는 노력 때문에 생활의 목표, 나아가 양식이 동일화되고 있는 것이다. 사회적 위치에서의 차이(다름)가 되면, 상승 지향이라는 말이 단적으로 보여주는 것처럼 가치의 다원화, 생활 스타일의 다양화로부터는 아주 멀다.

　이렇게 보면 이른바 사회적 차별도, 문화가 차이의 체계라는 의미에서의 차이와는 언뜻 보면 비슷하나 전혀 다르다는 것, 이를테면 횡적인 관계에 있는 문화적 차이, 즉 다양성을 계층 질서라는 종적인 관계로 치환한 것임을 알 수 있을 것이다. 예전에 마르크스주의의 입장에서 언어론을 독자적으로 개척했던 미우라 쓰토무三浦つとむ가 어딘가에서 "언어의 본질이 차이에 있다면 그것과 차별의 부당함은 어떤 관계에 있을까"라고 물었던 적이 있다. 근본적이고 중요한 이 질문에 우리는 지금 거의 앞에서 말한 형태로 답할 수 있다.

19. 여성 원리

아자세 콤플렉스 / 모권제 / 그레이트 마더

근대 지식에 대한 비판 중에서 가장 먼 사정거리를 포함하는 것은 근대 세계를 낳은 근대 서구 지식의 원류를 고대 그리스까지 거슬러 올라가 거기서 '로고스＝이성 중심주의'(→ 40. 로고스중심주의)만이 아니라 '팔루스 중심주의', 즉 남근 중심주의도 발견한 일일 것이다. 근대 지식과 크게 연결되는 고대 그리스 이래의 '철학' 지식은 로고스중심주의임과 동시에 팔루스 중심주의 또는 남성중심주의이기도 했던 것이다.

'철학 지식'이 남성중심주의라는 것, 바꿔 말하면 반여성적이라는 것에 대해서는 이미 많은 사람들이 부분적으로 느껴온 것이다. 하지만 나는 「원리로서의 '아동'에서 '여성'으로」(『마녀라고』, 1983 수록)를 썼을 때 아리스토텔레스, 데카르트, 칸트, 프로이트 등의 원리적인 차원에 이르는 여성관을 대충 훑어보고 새삼 '철학 지식'에 일관되게 보이는 반여성성을 보고 깜짝 놀랐다.

먼저 아리스토텔레스는 『동물 발생론』에서 "자연이 완전한 성을 만들어내지 못했을 때 거기서 여성이 생겨난다"라고 썼고 『정치학』에서도 인간 상호간에 자연적인 불평등이 존재하는 것을 인정하며 "시민 중에서 여성은 그 연령에 상관없이 남성보다 열등한 것으로 간주된다. 게다가 여성은 부정否定의 원리인 '물질'을 체현하고 있기 때문에 형이상학적으로 말해도 가치가 낮다.""(그에 비해) 남성의 특권은 오로지 그 존재론적 특질에 근거한다"고 말했다.

이런 아리스토텔레스에 비해 데카르트와 칸트의 경우에는 얼핏 그 반여성성이 잘 보이지 않는다. 하지만 데카르트에 대해서는 그가 "양식bon sense, 즉 이성은 이 세상에서 사람들 사이에 가장 공평하게 배분되었다"(『방법서설』, 1637)고 주장했을 때 그 인간이란 이를테면 남성을 모델로 하여 비성화非性化된 인간이었다. 또한 어떤 여성 철학자(안니 르클레르크Annie Le-clerc)는 "데카르트를 읽으면 쾌감 비슷한 재미를 느끼지만 그 것은 연극이나 신기한 마술을 보는 듯한 즐거움 이상의 아무 것도 아니며 데카르트가 말하는 것 자체는 무엇 하나 믿음이 들지 않는다"라고 격렬하게 반발했다. 칸트의 경우도 남녀 양성의 덕을 각각 숭고와 미로 할당하며 결국은 숭고를 진실로 인간다운 덕이라고 했다.

특히 흥미로운 것은 프로이트의 경우다. 그는 여성 원리가 지배하는 무의식적 세계의 발견자이면서도 그런 대상 영역이 그것을 다루는 사고 방법—즉 '지식'—의 전환을 요구하는 것을 알지 못했던 것이다. 힐다 둘리틀Hilda Doolittle이 자신을 치료해주는 프로이트 안에서 여성적인 것을 느낀다고 말하자 프로이트가 안색을 바꾸며 항변했다는 이야기는 잘 알려져 있다. 사실 그는 남성이야말로 인류의 이상적인 형태이며 그것을 보여주는 것은 남근이라는 존재라고 생각하는 경향이 강했다.

이런 까닭에 프로이트에게서 여성 원리가 지배하는 무의식 세계가 발견되었으면서도 '여성 원리' 자체에 대한 적극적인 평가도, 그리고 깊이 파고든 해명도 프로이트 및 프로이트 학파 안에서는 거의 볼 수 없었다. 다만 예외적인 존재로는 유아와 어머니의 가공할 만한 관계에 착안한 멜라니 클라인Melanie Klein과 프로이트적 아버지 살해가 아닌 어머니 살해라는 주제의 논문 「아자세 콤플렉스」를 내세우며 프로이트의 문을 두드린 일본의 고자와 헤이사쿠古沢平作가 있다. 고자와의 제자 오코노기 게이고小此木啓吳(『일본인의 아자세 콤플렉스』, 1982)가 새롭게 조명하고 있는 것처럼 아자세阿闍世란 어머니 위제희韋提希를 죽이려고 한 인도 왕자의 이름이고, '아자세 콤플렉스'란 자기 생명의 근원인 어머니의 애욕에 대한 자식의 원한에 기초한 근원적 갈등을 말한다. 프로이트가 받아들이지는 않았지만 고자와가 제기한 이 문제는 여성 원리나 모성 원리를 생각하는 데 선구적인 착안으로 주목할 만하다.

넓은 의미에서의 정신분석파 중에서 여성 원리나 모성 원리 문제를 적극적으로 다룬 것은 융 및 융 학파 사람들이지만, 우에야마 야스토시上山安敏(『신화와 과학』, 1984)도 밝힌 것처럼 그들에 앞서 여성 원리나 모성 원리를 '모권제'의 관점에서 파악한 바흐오펜Johann Jakob Bachofen(『모권』, 1861)을 빠뜨릴 수 없다. 모권제 사회의 존재에 대해서는 그 이전에도 단편적으로 보고되기는 했지만 그는 그것들을 종합하여 하나의 장대한 이론을 만들어냈던 것이다.

다시 말해 그것에 따르면 인류는 선사시대부터 1. 난혼제亂婚制, 2. 모권제, 3. 부권제라는 세 단계를 경과했는데 모권제의 기억이 남아 있지 않은 것은 나중에 성립한 부권제에 의해 뿌리째 파괴되고 또 완전히 억압되었기 때문이다. 첫 번째인 난혼제 시대는 진흙탕기라고 부르는데 혼란이나 무질서로 가득 차 있었고 그 주신主神은 아프로디테다. 두 번째인 모권제 시대가 되자 질서와 사랑이 생겨나고 농경이 시작된다. 그 주신은 데메테르로 바뀌고, 거기서는 어머니에 대한 사랑과 성적 순결이 존중되며 가치적으로 밤·달·왼쪽·대지·물질·죽음·집단 등이 중시된다. 세 번째인 부권제 시대는 아폴론을 주신으로

하는데, 거기서는 모권제 시대에 중시된 앞의 각 항목에 비해 낮·태양·오른쪽·천상·정신·삶·개인이 중시된다.

바흐오펜의 이런 사고는 동시대 학계에서 난폭한 공론空論이라며 거의 주목하지 않았다. 그의 장대한 이론이 주목을 받은 것은 19세기 말에서 1920년대에 이르러서다. 그런 경과를 거쳐 모성 원리, 여성 원리 문제를 조명한 것은 융과 융 학파의 사람들이었다. 융은 부권제 사회에 앞선 존재로서의 모권제 사회를 프로이트 비판의 무기로 사용하기까지 했다. 하지만 모성 원리, 여성 원리 문제를 융 학파 심리학의 입장에서 정면으로 다룬 것은 에리히 노이만Erich Neumann, 특히 그의 대저『그레이트 마더The Great Mother: An Analysis of the Archetype』(1955)였다.

거기서 노이만이 모성 원리, 여성 원리를 다루는 것은 원형 ─ 인류에 두루 존재하는 집합적 무의식의 형상적인 표현 ─ 으로서의 '그레이트 마더'다. 다시 말해 노이만에 따르면 원형Archetype으로서의 그레이트 마더는 대체로 '싸서 안에 넣는' 것을 의미하는, 서로 대립하는 두 측면을 동시에 갖고 있다. 우선 하나는 생명과 성장을 관장하여 임신하고 출산하고 지키고 키우고 해방하는 일면, 즉 생명을 주는 자의 측면이다. 또 하나는 독립과 자유를 간절히 바라는 사람들에게 매달려 그들을 해방시키지 않고 속박하고 포획하고 삼켜버리는 일면,

즉 가공할 만한 죽음을 주는 자로서의 측면이다.

 이런 까닭에 원형으로서의 '그레이트 마더'를 통해 싸서 안에 넣는다는 모성 원리가 나타난다. 거기에 있는 것은 모든 것에 대한 절대적인 평등성이다. 그에 비해 부성 원리의 특성을 보여주는 것은 단절하는 것, 분할하는 것일 것이다. 따라서 여성 원리와 남성 원리에 대해 각각 무의식·감정과 의식·이성이 대응하게 되기도 하는 것이다.

20. 신체

역사적 신체 / 사회적 신체 / 정신으로서의 신체

제2차 세계대전 후 일본인의 철학적인 행위에서 드디어 독립적인 사색이 나타난 영역이나 주제로서 특별한 의미를 갖고 있는 것은 '신체'론이다. 나중에 말하겠지만 정신을 차리고 보니 신체는 일본인이나 동양인의 전통적인 사상 중에서 중시되어온 주제였다. 하지만 1970년대 이후의 신체론은 확실히 단순한 그 연장이 아니라 문제의 재발견에 기초하고 있다.

제2차 세계대전 후(나아가서는 메이지 유신 후), 일본인은 거의 언제나 따라갈 목표나 본받아야 할 모델을 외부에서 찾았다. 그런데 최근에 이르러 사정이 많이 달라졌다. 외국을 목표나 모델 삼아 따라가기 위한 노력을 열심히 해왔는데, 지금까지 그런 것으로서 뜨거운 시선을 쏟아온 외적인 여러 권위가 다양한 형태로 잇따라 실추되었다. 그것은 국가 목표 같은 문제만이 아니라 사상이나 문화 차원의 문제에까지 이르렀다. 다시 말해 세계적으로 지금까지 권위를 갖고 사람들을 매혹해온 기존 이데올로기를 비롯한 여러 이론이나 가치를 다시 묻게 된 것이다.

그리하여 우리는 새삼스럽게 사상이나 이론의 궁극적인 근거가 되는 곳, 사상이나 이론이 생성되는 곳까지 내려가 거기에서 지식을 다시 조직할 실마리를 얻을 필요가 있게 되었다. 여기서 사람들의 관심이 저절로 향해지고, 사람들의 관심이 수렴된 것이 특히 '신체'였다. 물론 여기서 신체란 심신 이원론의 마음이나 정신과 구별되고 분리된 물질적인 신체가 아니라 구체적인 인간 존재로서의 신체, 심신 합일적인 신체를 말한다.

일본이나 동양의 전통적인 사상 중에서 중시되어온 신체도 일종의 심신 합일적인 신체였다. 그리고 그것은 종교나 예도藝道에서 수행修行을 중시하는 것에 잘 나타난다. 유아사 야스오湯浅泰雄(『신체―동양적 신체론의 시도』, 1972)도 말한 것처럼 수행이란 이론적으로 세속적인 일상 경험의 장에서 생활 규범보다 더욱 엄격한 구속을 자신의 심신에 부과하는 일이다. 그것에 의해 사회의 평균적 인간의 생활 방식보다 더 나은 삶에 이르려는 것이다. 한편 실제 형태에서 보면 불교의 수행은 계戒와 정定으로 이루어진다. 계란 일상생활에서 자신의 심신에 구속을 가하여 욕망을 억제하는 일이고, 그에 비해 정은 계율 이해의 중심에 명상을 놓는 일이다.

또한 예도라는 것도 불교의 수행에서 영향을 받아 성립된 것이다. 예컨대 노能의 연습에서는 자신의 신체를 일정한 형태形에 끼워 넣는 훈련을 하고 그 축적으로 예藝가 몸에 밴다. 즉 신체로 익히는 것이다. 연습을 통해 마음의 움직임과 신체의 움직임을 일치시켜나가는 것은 자신의 주체와 객체의 분열을 실천적으로 극복하여 이를테면 신체를 주체화해가는 것이다.

이런 전통적인 신체관이 근대 일본 — 제2차 세계대전 이전 — 의 철학 안에서 가장 잘 계승되고 재인식된 것은 니시다 기타로西田幾多郎(『논리와 생명』, 1936)의 '역사적 신체'라는 사고다. 여기서 니시다는 무엇보다 구체적인 역사적 현실 안에서 살며 그것을 형성하는 주체로서 역사적 신체를 파악한다. 그리고 그러한 파악은 다음의 세 가지 특징을 갖고 있다. 1. 인간 주체를 심신 합일적인 신체라고 보고 거기에서 도구나 언어가 발생하는 유래를 보고 있다. 2. 사회화된 신체 안에서 역사성을 보는 것과 함께 역사적 세계를 신체적인 것으로 간주한다. 3. 역사적 신체의 작용은 표현적 세계의 자기 한정으로 여겨지고 역사적 생명은 신체를 통해 자기 실현되고 이성화된다고 한다.

니시다의 '역사적 신체'라는 것은 아직 모호한 것을 많이 갖고 있지만, 신체론의 새로운 전개를 포함하여 꽤 자극적인 개넘이다. 이 개념은 직접적으로 미키 기요시三木淸(『역사철학』, 1932)의 '사회적 신체'로 계승되었다. 미키 기요시는 그것을 구체적인 파토스의 양상으로서 신체론의 새로운 발전을 꾀했지만(「철학적 인간학」, 미정고) 충분히 파고들어 사고하지 않은 채 끝나고 말았다.

1970년대에 일본에서 결실을 본 새로운 신체론은 니시다나 미키의 이러한 신체론 시도를 거의 의식하지 않고 사르트르 등 프랑스 현상학 신체론의 연장선에서 전개되었다. 여기서는 일본의 그 대표적인 논자인 이치카와 히로시市川浩(『전신으로서의 신체』, 1975, 「'몸'의 구조」, 1978)에 의해 밝혀진 주요한 논점의 소재를 보여주고자 한다.

우리에게 신체는 너무나 가깝기 때문에 오히려 그것이 작용하는 그대로의 모습을 파악하기 어렵다. 그러나 일상적으로 살아 있는 그대로의 상태에서 파악할 때 신체는 일반적으로 생각하는 것보다는 훨씬 더 우리가 정신이라 부르는 것에 가깝다는 것을 알 수 있을 것이다. 정신이든 신체든 그것은 삶을 이해하기 위한 하나의 실마리, 일종의 극한 개념에 지나지 않는다. 오히려 정신과 신체는 구체적인 삶의 독특한 구조가 추상화된 한 국면인 것이다.

그런데 현상으로서의 신체를 생각할 때 출발점이 되는 것은 주체로서의 신체이고, 그것은 피부 표면에 갇힌 해부학적 신체 공간을 넘어 확대되며 작용한다. 예컨대 숙달된 외과 의사에게 소식자는 외적인 도구에 그치지 않고 두 번째 손가락 끝이 되며 그의 신체는 소식자 끝까지 뻗는다. 또한 드라이버에게 운전 중 그의 신체는 차의 크기까지 확대하고 차의 폭이나 길이를 자기 몸의 일부로서 뭔가에 부딪치지 않도록 신경을 쓴다. 하지만 나에게 자신의 신체는 객체로서의 신체이기도 하다. 그리고 이 객체로서의 신체는 앞에서 말한 주체로서의 신체 사이에 이중 감각이라고도 할 만한 것을 낳는다. 내가 손으로 내 발에 닿을 때 나는 동시에 내 발이 손에 의해 닿아지고 있다는 것을 느끼기 때문이다. 하지만 이 닿다-닿아지고 있다는 이중 감각은 외면화된 반성이고, 근원에 있는 것은 주객이 분열되지 않은 순수한 상태다.

그런데 현상으로서의 신체의 세 번째 계기는 타자에 의해 인식되는 나의 신체이고, 그것은 내가 자신의 신체를 부끄러워할 때 문제가 되는 것이다. 게다가 신체의 네 번째 계기는 타자의 신체이지만 현상학적으로 이는 대상화된 신체＝물체가 아니라 표정적이며 얼마만큼은 주관성을 띠고 있다. 우리의 신체가 상호 주관적인 장을 가질 수 있는 것은 이러한 타자의 신체 사이다. 이리하여 마지막에 문제가 되는 것이 지금까지의 네 가지 신체를 포함하고 통합하는 통합체로서의 내 신체이고, 이것이 구조적으로 다시 파악될 때 뛰어난 정신인 신체(정신으로서의 신체)가 되는 것이다.

　이처럼 심신 합일의 방향에서 활동하는 신체를 파악할 때 새로운 의미를 가져오는 것은 일본어에서 구체적인 삶을 '몸身' 및 몸을 포함한 여러 가지 표현(자세身がまえ, 분수身のほど, 제멋대로身勝手 등등)에 의해 말로 나타내는 일이다. 또한 언어에 의한 세계의 분절화에 앞서 전前언어적인 몸에 의한 분절화＝'분간見分け'이 있다는 게 밝혀지기 때문이다.

　여기에는 분명히 문제의 새로운 개척이 있다.

21. 신화

모래 상자 요법 / 원초 시간과의 접촉 / 브리콜라주

민족이나 문화는 각각 옛날부터 전해져 내려오는 '신화'를 갖고 있을 뿐 아니라 그 시대마다 새로운 '신화'를 만들어간다. 그렇게 새롭게 만들어지는 신화는 옛날부터 전해지는 신화처럼 꼭 아주 먼 후세까지 전해지는 것은 아니지만, 신화라는 것이 어떻게 형성되는지, 우리 현대인의 생활과 특별히 어떤 데서 관련되는지를 알기에는 좋은 실마리가 된다.

예를 들어 현대 생활의 최첨단과 관련되며 현대인의 욕망을 강하게 자극하는 것으로는 자동차나 마이크로컴퓨터의 신형 모델을 공개하는 전시회가 있다. 특히 자동차의 경우에는 모터 쇼라는 호칭이 잘 보여주듯이 아주 화려한 대규모 쇼이고, 또 그것을 통해 고도로 의례화된 종교적 행위와 닮아간다. 주도면밀하게 마련된 전시회장, 시각적·음악적 효과, 사람들의 뜨거운 시선, 무녀(패션쇼 모델)의 봉사, 금전의 낭비, 군중 등등은 어떤 문화의 종교적 예배에서도 보이는 것들이다.

신화적 이미지로서 좀 더 특정한 성격이 부여된 것으로는 대중매체가 사람들에게 제공하는 연재 만화나 텔레비전 연속극의 주인공이 있다. 예컨대 '슈퍼맨'이 그렇다. 그는 우주의 다른 별에서 온 남자로서 절대적인 힘을 가진 사람인데도 지구상에서 눈에 띄지 않는 저널리스트의 모습으로 생활하고 동료나 상사에게 아주 소심하고 평범한 인물이라 여겨지고 있다. 누구나 아는 것처럼 초자연적인 힘을 가진 영웅이 시시한 모습을 취하는 것은 하나의 전형적인 신화의 형태다.

슈퍼맨도 바로 현대인의 잠재 원망의 화신으로서 신화적 인물이나 이미지를 교묘하게 체현하고 있는 것인데, 물론 잠재 원망의 화신이라고 해도 꼭 인간의 형태를 취한다고는 볼 수 없다. 그런 점에서 최근에 내가 특별히 생각하게 된 것은 제2차 세계대전 후 일본인의 신화적 이미지인 '고질라'다. 내 경우에는 그것도 다소 색다른 것이 계기가 되었다. '모래 상자 요법'의 부품인 고질라이기 때문이다.

간단히 말하자면 모래 상자 요법은 사각의 용기와 모래, 그리고 작은 장난감 집, 다리, 나무, 인형, 동물 등등을 사용해 피치료자가 자발적으로 마음의 심층을 표현하게 하는 예술 요법의 일종이다. 스위스에서 융 학파의 사람들에 의해 시작되었고 일본에서 크게 발달했다. 그리고 하나의 치료 방법을 넘어 아주 흥미로운 수많은 문제를 포함하고 있다(자세한 것은 가와이 하야오와 나의 공저, 『토포스 지식』, 1984 참조).

모래 상자 요법에서 피치료자는 각자 자신이 좋아하는 부품을 사용해 마음의 심층 또는 무의식을 표현하게 되는데, 나는 언젠가 많은 치료 예를 슬라이드로 본 적이 있다. 그중에서 피치료자, 특히 아동들이 고질라 모형을 아주 생생하고 적절하게 사용하는 것을 보고 깜짝 놀랐다. 고질라는 남쪽 바다의 섬에서 오랫동안 잠들어 있던 공룡이 수소폭탄 실험으로 방사능을 쐬어 괴수가 된 것인데, 흉포한 파괴력을 가졌으면서도 어딘가 애교가 있다. 그 후 많은 괴수가 변화된 형태로 생겨난 것도 신화적 이미지의 조건에 합치한다.

그런데 원래의 '신화'에서도 그 기초에 있는 것은 우리를 둘러싼 사물과 그것으로 구성된 세계를 우주론적으로 농밀한 의미를 가진 것으로 파악하고 싶다는 근원적인 욕구다. 그러므로 엘리아데Mircea Eliade(『신화와 현실』, 1963)가 말하는 신화의 다섯 가지 측면이 발견되는 것이다.

1. 신화는 초자연적 존재가 행동하는 이야기라는 형태를 취한다. 2. 이 이야기는 실재와 관련되기 때문에 절대로 진실한 것이며 초자연적 존재가 짊어진 업이므로 신성하다고 간주된다. 3. 신화는 언제까지나 창조와 관련되어 있고 그것이 어떻

게 만들어졌는지, 어떻게 존재하기 시작했는지를 이야기한다. (신화가 모든 중요한 인간적 행동의 모범이라 여겨지는 것은 그 때문이다.) 4. 신화를 알게 됨으로써 사람은 사물의 기원을 알지만 이는 단지 개념적인 지식이 아니라 의례를 통해 체험되는 지식이다. 5. 그리고 신화에서 사람은 상기되거나 재연되는 사건의 성스러운, 고양시키는 힘에 의해 파악되기 때문에 신화를 사는生 것이 된다.

이러한 다섯 가지 점에 대해 한마디 코멘트를 하자면 1. 신화가 초자연적 존재의 행동 이야기가 되는 것은 모든 것이 우주론적으로 다 설명되어야 하기 때문이고, 2. 그 이야기가 진실 또는 신성하다는 것은 의미와 가치의 원천이나 다름없기 때문이다. 또한 신화가 3. 언제나 창조와 관련되고, 4. 기원의 지식이 의례를 통해 체험된 지식이라는 것은 특별히 상징론적이기 때문이다. 마지막으로 5. 신화가 살아지는 것은, 뮈토스(신화의 언어)란 로고스와 달리 말하는 것이 행하는 것이며 행하는 것이 사는 것인 말이기 때문이다.

엘리아데가 든 신화의 다섯 가지 측면은 어느 것 못지않게 중요한 것이지만, 그중에서도 특히 중요하다고 여겨지는 것은 세 번째 측면과 관련된다. 신화를 통한 사람들의 원초 시간과의 접촉, 그리고 그것에 기초하는 시원始源의 빛을 회복하는 일일 것이다. 그리하여 예로부터 세계의 많은 민족이나 문화에서 왕의 즉위가 왜 우주 창조 신화를 반복하거나 신년에 행해졌는지를 이해할 수 있다. 그때 왕은 우주 전체를 갱신해야 할 역할을 맡고 있었던 것이다.

또한 신화는 단지 미신적인 것도, 극복해야 할 뒤처진 지식도 아니다. 그것은 과학 지식과도 비슷한 인지적 성격을 가지면서도 동시에 표현적이기도 하다. 신화 지식은 대단히 체계적인 동시에 이미지적이다. 이 이미지적 성격 때문에 많은 사람들은 거기에 있는 체계성을 정당하게 이해할 수 없었다. 왜냐하면 체계적인 것은 논리적이고 논리적인 것은 개념적이어야 한다고 생각되었기 때문이다.

이리하여 신화적인 사고는 원시적 심성에 기초한 전前 논리적인 것으로 간주되는 일이 많았다. 하지만 신화 지식이 대단히 이미지적인 동시에 체계적이라는 것은, 그것이 단지 비논리적이라는 것도, 전 논리적인 것이라는 것도 아니다. 그것은 다른 종류의 논리, 구상의 논리라고 할 만한 것에 의해 존재한다는 뜻이다. 바로 그 점에 대해 신화적 사고를 '구체의 과학'으로서, 일종의 브리콜라주(손끝으로 하는 일, 손재주로 하는 일)로서 파악한 것은 레비스트로스(『야생의 사고』)였다.

다시 말해 레비스트로스에 따르면 브리콜레르(브리콜라주에 종사하는 사람)는 과학적인 전문 기술자와 다음과 같은 차이가 있다. 전문 기술자는 그 일을 할 때 원칙상 그것을 위한 특별한 재료나 도구를 입수할 수 있고 어디서든 그것들을 구할 수 있다. 그런데 브리콜레르가 사용하는 재료나 도구는 주변에 있는 기존의 물건밖에 없다. 그렇다고 해서 브리콜라주가 기술자의 일보다 떨어지는 것은 아니다. 그것은 오히려 기예적인 것이고 예술적인 창조에 가깝다.

브리콜라주의 도구에 대한 관계는 신화의 언어에 대한 관계와 같아서 어느 것이나 유한 개의 조합에 의해 무한하게 풍부한 창조 가능성을 내포하는 것이다. 여기서 흥미로운 것은, 첫 부분에서 고질라를 언급하며 말한 '모래 상자 요법' 역시 기존의 것 중에서 긁어모은 부품—물론 고질라도 그중 하나다—에 의해 성립한다는 점이다.

22. 희생양

왕 살해 / 중심과 주변 / 벌너러빌리티

'스케이프고트scapegoat', 즉 속죄의 염소 또는 희생양 찾기 문제는 아이들 사이의 왕따로부터, 매스컴이 즐겨 뭇매를 때리는 매력적인 악역anti-hero, 본래 또는 비유적인 의미에서의 다양한 마녀사냥, 나치즘에 의한 유대인 박해 등등, 인간 생활의 다양한 국면에서 보인다. 그런데 이를 정당하게 논하기는 힘들다. 잔혹하고 꺼림칙한 일이어서 직시하고 싶지 않은 것일까. 물론 그런 이유도 있겠지만 그것만이 아니라 우리가 부주의하게 가해자 측에 서서 사디즘적인 기쁨을 맛보는 일이 많기 때문일 것이다.

돌이켜보면 우리 인간은 노골적인 힘이나 폭력을 사용하지 않아도 평소부터 여러 가지 형태로 끊임없이 서로에게 상처를 주고 있다. 로렌츠Konrad Lorenz(『공격』, 1963)가 밝히고 있듯이 공격성은 다른 동물에게서도 여러 가지 형태로 보이는 것이지만, 특히 인간에게는 그것이 문화 안에 정밀하고 교묘한 형태로 편입되어 있기 때문에 성가신 것이다. 알렉산더 미체를리히 Alexander Mitscherlich(『공격하는 인간』, 1969)는 인간의 공격성이 취하는 다양한 형태에 대해 고찰하고 있다.

그중에는 친진난만하다고도 잔인하다고도 할 수 있는 다음과 같은 이야기를 엘리아스Norbert Elias로부터 인용한다. "파리에서는 16세기에 성 요한 축일을 축하하기 위해 10~20마리의 살아 있는 고양이를 태워 죽이는 것이 필요했다. 이 축제는 아주 유명했다. 민중이 모여들고 축제 음악이 연주되었다. 일종의 처형대 밑에는 장작이 산더미처럼 쌓였다. (……) 군중이 고양이들의 비명 소리를 즐기는 가운데 고양이들은 장작더미로 떨어져 죽었다. 보통은 왕과 조정의 신하들이 그 자리에 있었다. 때로는 왕이 왕세자에게 장작더미에 불을 지피는 영예를 주었다." 사랑스럽고 게다가 마력을 지녔다고 여겨지는 고양이는 최적의 제물로 생각되었던 것이다.

스케이프고트란 원래 인간 대신 재액·부정·죄과 등을 짊어지는 것으로 『구약성서』(레위기 16장)의 '속죄 제물인 숫염소'에서 유래하는데 이 주제를 인류 문화의 연구에 적극적으로 도입한 사람은 프레이저Sir James George Frazer(『황금가지』, 1890)였다. (만약을 위해 말해두자면 스케이프고트와 제물sacrifice

에서의 희생자victim를, 전자는 재액·부정·죄과 등 부정적인 것을 타자에게 전이시키기 위한 것, 후자를 신의 분노를 진정시키기 위한 것으로 구별하는 일도 있지만 이 구별이 절대적인 것은 아니다.)

프레이저로부터 로하임Géza Róheim, 바흐친Mikhail Mikhailovich Bakhtin, 그리고 케네스 버크Kenneth Burke라는 계보로 스케이프고트론을 새롭게 파악하며 야마구치 마사오(『스케이프고트의 시학으로』, 1983)는 다음과 같이 썼다. 프레이저가 한 작업의 중심은, 보통 신성 왕권이라 불리는 특수한 정치제도에서 왕의 신체와 동일시된 세계 내지 우주가 왕 살해라 불리는 교체 시스템에 의해 일대 정화 작용을 거쳐 재생한다는 이론을 제창한 데 있었다. 이 이론은 인류학 영역에서는 실증적인 뒷받침을 결여한 것으로 냉담하게 취급되었지만, 거기에는 뛰어난 착안점이 많이 포함되어 있었다.

로하임을 거쳐 그것을 계승하며 카니발 이론을 전개한 사람이 바흐친(『프랑수아 라블레의 작품과 중세 및 르네상스의 민중문화』, 1965)인데, 그는 프레이저의 왕 살해 습속에 연결되는 것으로서 카니발의 중심을 이루는 가짜 왕 대관과 왕위 박탈의 유희에 주목했다. 즉, 서구의 카니발에서 매년 축제 기간에 선출된 가짜 왕mock king은 제멋대로 할 수 있지만 그 기간이 끝나면 추방된다. 그 기간 중 가치의 전도에 의해 세계는 일단 혼돈 속에 내던져져 우주적 질서가 재생되는 계기가 되는 것이다.

한편 프레이저의 스케이프고트론을 좀 더 일반화하여 정치 구조의 본질을 해명하는 모델을 끌어낸 사람이 케네스 버크인데, 그는 왕권이 일반 주민의 생활 방식의 모범으로 기능한 것을 중시했다. 그는 정치 질서의 정점과 저변의 대응 문제를 다룬다. 계층적 질서 안에서 사는 사람들이 울저한 불만(부정적 에너지)을 정점으로 향하게 하고 거기에 위치하는 자를 의례적으로 파멸시키는 과정에서 사회는 딜레마 해결의 방향을 찾아낸다. 이 경우 스케이프고트는 이중으로 산출된다. 주민은 왕권을 박탈함으로써 그 딜레마를 해결하고 왕권은 저변으로 희생을 전환함으로써 그 딜레마를 해결하기 때문이다. 그리고 케네스 버크는 유대인의 입장—지적으로는 왕이고 사회적으로는 저변에 있다는—을 히틀러가 가장 효과적으로 이용했다는 것을 보여주었다.

그런데 이 스케이프고트 문제는 역시 야마구치 마사오가 선구적으로 다뤄온 두 문제와 연결된다. 하나는 '중심과 주변' 문제이고 다른 하나는 '벌너러빌리티vulnerability' 문제다.

그렇다면 스케이프고트는 '중심과 주변' 문제와 어떻게 연결될까. 야마구치 마사오(『역사·축제·신화』, 1974)에 따르면 인간은 악의 형상 없이 자기 안에 통합 감각을 가질 수 없다. 다시 말해 가치의 양극화가 전제가 되는 것이다. 그리고 중심을 만들어내고, 가능한 한 그 중심 가까이에 상징적으로 몸을 두고 중심의 대극인 주변을 멀리 떼어놓아야 한다. 그러나 또 중심이 유지되기 위해서는 주변을 눈에 보이는 것으로 해두어야 한다.

그런데 인간은 같은 리듬으로 되풀이되는 생활 패턴을 견딜 수 없다. 그리고 그런 상태가 계속되면 주변으로 밀려나 있던 이런저런 사물이 규합하여 중심을 위협하기 시작한다. 그때 이 주변적인 사물에 어떤 형태를 부여하여 그 사물이 가지는 활력을 세계 안에 도입해야 한다. 중심에 대한 주변의 이런 침입, 그것에 의해 생겨나는 혼돈의 감정, 이어서 주변의 배제에 의한 소생—이것들이 속죄와 연결되는 것이다.

그렇다면 스케이프고트는 '벌너러빌리티'와 어떻게 연결될까. 벌너러빌리티란 원래 상처받기 쉬운 것을 의미하는데, 최근에는 확실히 공격 유발성으로 번역하게 되었다. 공격 유발성이라는 번역어는 국제적인 핵 배치의 약점을 보여주는 경우에도 사용되는데, 그런 경우에만 한정되지 않고 개인적, 감정적인 차원에서의 공격성을 유발하는 것도 나타낸다. 즉, 벌너러빌리티(공격 유발성)라는 말은 스케이프고트나 공격성 문제를 뒤에서 드러내는 것이다.

상처받기 쉽고 공격을 유발하기 쉬운 것이라고 하면 인간 사회에서는 기형을 타고난 사람들이다. 현대처럼 지나치게 정상·건강을 지향하는 사회에서는 한쪽 구석으로 쫓겨나 은폐되고 그저 부정적인 것으로만 각인되어 있다. 다시 말해 그 특징은 부정적인 것으로 고정되어 있는 것이다. 하지만 그런 사람들이야말로 정상적인 세계를 도발하고 활성화하는 다시없는 존재가 아닐까. 그런 관점에서 데라야마 슈지寺山修司(「기형의 심벌리즘 2」, 1979)와 함께 야마구치 마사오(「벌너러빌리티에 대하여」, 1980)는 토드 브라우닝Tod Browning의 영화 〈기형자들Freaks〉에 주목했다. 그리고 다음과 같이 쓰고 문제점의 소재를 한층 분명히 했다.

"진실로 세련된 문화는 '비문화' '그림자' '어둠' '바깥' '타자' '죽음' 사이에 은밀하게 다양한 대화 기회를 장치로서 남겨둔다." "극장이나 축제, 서커스도 그런 장치의 가장 정교한 표현인 중개 공간이었다. 토드 브라우닝의 〈기형자들〉은 그런 그림자와의 대화 속에서도 가장 뛰어난 텍스트 가운데 하나였다."

23. 제도

제2의 자연 / 보이지 않는 제도 / 리좀

예전에는 '제도'라고 하면 거의 국가(법적 국가), 지방자치체, 정당, 결사, 학교, 회사, 조합 등이라고 했다. 실제로 명확히 정해지고 법제화된 것만 생각할 수 있었다. 원래 그런 제도는 우리 인간이 집단생활을 영위하고 그 집단이 커지고 거기서의 인간관계가 복잡해지고 간접화됨에 따라 형성된 것이다. 다시 말해 그런 가운데서 사회생활이 합리적으로 운영되기 위해서는 사회관계 자체가 합리화되고 객관적으로 보여야 했던 것이다.

그런데 이렇게 합리화되고 객관화된 사회관계를 제도적 현실이라고 명명한다면, 이 제도적 현실은 무엇보다도 우리 인간의 의지가 작용함으로써 만들어진 것이다. 게다가 그것은 인간으로부터 독립한 객관적 실재, 이를테면 제2의 자연으로서 우리에게 하나의 환경을 형성한다. 그리고 그런 것으로서 제도가 바로 제도인 것은 우리 인간의 공동 의지에 의해 설정되고 정립된 것이기 때문이다.

그런데 명확히 정해지고 법제화된 제도의 반대 극에 최근에 자주 듣게 된 제도로서의 회화라든가 제도로서의 문학이라고 할 때의 제노가 있다. 이 경우에는 똑같이 '세노'라고 해도 명확히 법제화된 좁은 의미의 제도와는 명백히 다르다.

그렇다면 왜 비유가 아니라 제도로서의 회화라든가 제도로서의 문학이라는 말을 할 수 있는 것일까. 그것은 화가나 작가가 생활할 때 사회인으로서 여러 가지 사회적 관계 속에 편입되지 않을 수 없다는 것과 꼭 무관하지는 않겠지만, 문제는 예술상의 양식이나 표현 자체와 좀 더 관련되어 있다.

원래 회화도 문학도 예술로서 판에 박은 듯한 관점이나 느낌에서 끊임없이 탈피하여 자유롭고 창조적인 표현 활동을 해야 할 영역일 것이다. 그런데 그런 영역 중에서도 당사자들의 고심이나 노력에도 불구하고 의식하지 못하는 타성에 의해 암묵적으로 약속된 일에 사로잡히는 일이 일어나는 것이다. 다시 말해 거기에 있는 것은 감성의 타성적 구조화라고 해야 할 것이고, 그런 의미에서 감성의 제도화라고 말할 수 있을 것이다.

또한 제도로서의 회화나 제도로서의 문학이라는 경우의 제도는 내가 말하는(『철학의 현재』, 1977) 눈에 보이지 않는 제도에 속해 있다. 이 눈에 보이지 않는 제도는 의식적으로 만들어지고 명확히 법제화된 눈에 보이지 않는 제도에 비해 무의식적으로 저절로 만들어진 제도를 말한다. 그것은 관습이나 습속을 포함하는 제도이고, 개개인에게 내면화되는 무의식적인 규범으로서의 공통 언어 체계, 즉 국어(랑그)도 그것에 속한다.

정말 인간은 집단화하고 사회화할 때 의식적인 제도에 의거하지 않는 경우였다고 해도 저절로 집단 자체, 또는 자기표현을 유기적으로 조직화하고 체계화한다. 그리고 여기서 그것과 관련하여 흥미로운 것은 인간의 자기 조직화, 자기 체계화, 리빙 시스템의 원리로서 두 가지 대조적인 틀인 '수목'형과 '리좀'형이 있다고 지적하고 그 두 틀, 특히 후자의 양상이 현대 문화의 다양한 영역(→ 28. 도시) 문제에 새로운 모델을 제공하고 있는 것이다.

즉, 질 들뢰즈 / 펠릭스 가타리(『리좀』, 1976)에 따르면 수목형이란 계통수系統樹가 보여주는 것처럼 하나가 둘이 되고 둘이 넷이 되고…… 하는 형태로 정연하게 분기하는 것이다. 그것은 핵심이 되는 강한 통일이 가정된 상태에서 이분법을 되풀이한다. 군대나 관료 조직 등의 지휘 계통은 이 수목형 시스템으로 이루어진다. 즉 계층구조를 가장 우선시하는 것은 수목형 구조에 특권을 부여하는 일이다. 계층적인 조직에서 개개인은 자기의 상위에 단 한 사람의 인접 활동자만 알 수 있다. 정보나 명령의 전달 경로는 미리 정해져 있고, 개인은 단지 수목형 조직의 어떤 일정한 위치에 끼워 넣어진 것에 지나지 않는다.

수목형 시스템이 이처럼 고정적이고 폐쇄적인 것에 비해 리좀형 시스템은 훨씬 동적이고 개방적이어서 간단히 파악하기 힘들지만 굳이 요점을 말하자면 — 원래 '요점을 말한다'고 하는 것은 리좀적이지 않기 때문이다 — 다음과 같다. 첫째, 리좀형 시스템에서는 어떤 임의의 한 점도 다른 어떤 임의의 한 점과 결합할 수 있고 결합해야 한다. 물론 거기서 성립하는 것은 포섭적인 종속 관계가 아니다.

둘째, 리좀형 시스템이 발견되는 것은 다양체이고, 그것은 주체, 객체, 정신, 자연, 이미지, 세계의 어떤 일자一者와도 관련되지 않는다. 다양체는 주체도 객체도 갖지 않고 그저 여러 가지 한정이나 크기, 차원을 갖는 데 지나지 않으며 그것들이 증식하면 다양체의 싱질도 바뀐다. 다양체는 내부에서 통일을 구하지 않고 오히려 외부에 의해 정의된다. 즉, 다양체는 다른 다양체와 연결될 때 자기를 탈출하고 영유화되지 않은 추상적인 선線에 따라 성질을 바꾸는데 그 선, 그러니까 외부에 의해 정의되는 것이다.

셋째, 리좀형 시스템은 어떤 임의의 한 점에서도 절단될 수 있다. 확실히 모든 리좀형 시스템은 분절성을 갖춘 여러 가지 선을 포함하고 있고, 그런 선에 따라 시스템은 성층화成層化되고 영유화되고 조직화되어 있다. 그러나 또 영유되지 않은 선도 포함하고 있고, 그것들을 매개로 시스템은 끊임없이 자기를 탈출한다.

넷째, 리좀형 시스템은 어떠한 구조적 모델에도, 생성적 모델에도 속하지 않는다. 그것은 생성축이나 심층구조라는 관념과도 무관하다. 그것은 오히려 매번 읽어내는 방침이 바뀌는 다수의 출구를 가지며 여러 가지 탈출 경로를 갖춘 지도와 비슷하다.

따라서 '리좀'형 시스템은 미리 정해진 연결을 가지는 중심화된 시스템이 아닐 뿐 아니라 다중심 시스템도 아니다. 그것은 여러 상태의 교통으로만 규정되는 탈중심화 시스템이며 온갖 종류의 생성이다. 또한 거기에서 국소적인 기능은 서로 질서를 갖추고 전체의 최종적인 결과는 중앙의 요구와 상관없이 동시에 생겨난다.

들뢰즈 / 가타리는 이 '리좀'형 시스템을 의식에 대해 생각할 때 '탈중심화 시스템으로서의 무의식'이라는 관념에 도달한다고 말하고, 수목형이 서구의 모든 사고를 지배해온 것에 비해 부처의 나무는 그 자체가 '리좀'형 시스템이라고 말한다.

이치카와 히로시(『'몸'의 구조』)도 말한 것처럼 들뢰즈 / 가타리의 '수목'형과 '리좀'형의 대비에 앞서 그것과 아주 비슷한 '수목'형과 '세밀라티스Semilatice'형이라는 대비가 건축 = 환경 디자이너인 크리스토퍼 알렉산더Christopher Alexander(「도시는 수목이 아니다」, 1966)에 의해 이루어졌다.

시스템의 모델로서는 알렉산더의 것은 아직 들뢰즈 / 가타리의 것에 비해 불충분한 점이 많지만, 그 모델에 의해 인공 도시와 자연 도시, 관료적 조직과 횡단적 연관이 편입된 현대사회 조직의 차이가 드러난다. 즉, 설계자가 꼼꼼히 만들어낸 인공 도시가 오랜 세월에 걸쳐 자연스럽게 만들어진 자연 도시에 비해 "뭔가 본질적으로 결여되어 있다"고 느껴지는 것을 끝까지 파고들면 그것이 수목형이지 세밀라티스형이 아닌 것을 알 수 있다. 또한 관료 조직은 수목형의 전형이지만 횡단적 연관이 편입된 현대의 사회조직에서는 그 편입에 의해 수목형에서 세밀라티스형으로 다가가는 것이다.

24. 성스러운 것

우주수 / 성·속·부정 / 자연

루소의 『달랑베르에게 보내는 편지Lettre d'Alembert』에서 다음의 한 구절이 오래전부터 마음에 걸렸다. "꽃 장식을 한 기둥 하나를 광장 한가운데에 세우고 거기에 사람들이 모이면 그것으로 축제가 된다." 이는 루소가 극장 연극을 가리켜 사람들에게 어두운 고립을 초래하는 것이라고 비판하고 그것을 축제와 대비시켜 말한 것인데, 이는 루소의 의도를 넘어 우리에게 '성스러운 것' 그리고 그것과 관련된 것을 생각할 계기를 주고 있다.

'꽃 장식을 한 기둥 하나를 광장 한가운데에 세우는 것.' 이때 이미 꽃 장식, 하나, 광장, 한가운데라는 것은 특히 상징성을 갖고 있다. 그 일군의 상징성에 의해 얼핏 특별할 것이 하나도 없는 기둥이 세계의 기축으로 하늘과 땅을 이어주는 우주

수宇宙樹, '성스러운 것'이 강림하여 깃드는 빙의물이 되는 것이다. 그리하여 바로 일상성의 세계, 속된 세계는 비일상의 세계, 성聖과 함께 부정不淨한 것(난잡함)을 포함한 축제(놀이)의 세계로 변모하는 것이다.

하지만 성스러운 것이 나타나는 공간, 그런 것으로서의 우주(코스모스)는 왜 중심을 가져야만 하는 것일까. 그것은 엘리아데(『성과 속』, 1957)도 말한 것처럼 일상적인, 세속적인 인간 생활에서의 공간은 균질하고 중성적인 것에 비해 종교적인 것과 크게 관련되는 심층의 인간 생활에서의 공간은 균질하지 않고 농밀한 의미를 가진 것으로 나타나기 때문일 것이다. 그리고 농밀한 의미는 중심을 필요로 한다.

엘리아데는 이렇게 말한다. 공간이 균질하지 않다는 종교적인 체험은 하나의 원초적 체험이고 공간 속에 생겨난 이 단절에 의해 비로소 세계(우주)의 형성이 가능해진다. "성스러운 것의 계시에 의해 세계는 존재론적으로 창건된다. 아무런 표지도 없이 짐작할 수도 없는 무한히 균질적인 공간 속에 하나의 절대적인 고정점, 하나의 중심이 성현(聖顯, hierophany)으로 나타난다." "왜냐하면 무엇보다 먼저 방향을 정하지 않으면 아무것도 시작되지 않고 일어나지도 않는다. 게다가 방향을 정하는 것은 대체로 하나의 고정점을 전제로 하기 때문이다."

그런데 앞에서 암시한 것처럼 현실을 단지 일차원적이 아니라 다차원적, 중층적인 것으로 파악하려고 하면 성스러운 것과 상관된 것으로서 빼놓을 수 없는 것이 속된 것과 부정한 것, 즉 성에 대한 속과 부정이다. 그리고 여기서 문제가 되는 것은 그 세 가지를 어떻게 관련지을까 하는 점이다. 엘리아데는 코스모스(우주)에 대한 카오스(혼돈) 안에 속을 포함시켰다. 한편 마찬가지로 성속 이원론의 입장에 서면서 속을 노모스(규범, 제도)로 파악하고 카오스를 노모스가 해체된 것으로 간주하는 것이 성속 이론의 창시자라고도 할 만한 에밀 뒤르켐Émile Durkheim(『종교 생활의 원초적 형태』, 1912)이다. 그리하여 엘리아데의 성속 이원론이 코스모스·카오스 이원론인 것에 비해 뒤르켐의 이원론은 코스모스·노모스 이원론이라고 볼 수 있다.

그러나 우에노 지즈코上野千鶴子(「카오스·코스모스·노모스」, 1977)도 상세하게 검토한 것처럼 현실의 다차원성, 중층성은 이런 성속 이원론으로는 충분히 파악할 수 없다. 거기서 주목되는 것이 피터 버거Peter Berger(『성스러운 천개The Sacred Canopy』, 1967)의 카오스·코스모스·노모스 삼원론이다. 이 경우 먼저 노모스란 세속적 질서가 지배하는 제도화된 세계를 말하고, 그에 비해 코스모스란 노모스를 정당화한다는 의미에서의 규범적 질서의 세계, 성스러운 세계를 말한다. 이처럼 코스모스도 노모스도 함께 질서를 이루는 것에 비해 그것과 근원적으로 대립하는 것이 카오스라는 것이다.

이리하여 카오스·코스모스·노모스 삼원론은 혼돈(카오스)과 질서(코스모스, 노모스)의 대립뿐만 아니라 일상성(노모스)과 비일상성(카오스, 코스모스)의 대립도 포함하여 성립하는 동적 관계를 나타내게 된다. 하지만 카오스(부정)와 코스모스(성)가 같은 비일상성에 속한다고 하면 양자는 서로 어떤 관계인 것일까 우에노 지즈코(앞의 논문)도—메리 더글러스Mary Douglas 등의 조사 연구에 따라—말한 것처럼 민족지民族誌 안에서는 코스모스를 나타내는 심벌리즘과 카오스를 나타내는 심벌리즘이 항상 명확히 구분되어 있어 혼동할 여지가 없기 때문에 뒤르켐처럼 정淨과 부정不淨, 길吉과 불길不吉을 모두 광의의 성스러운 것으로 보기는 어려울 것이다.

그렇지만 카오스(부정)와 코스모스(성)의 반대의 일치coincidentia oppsitorum를 포함하는 관계에는 독특한 것이 있다. 로제 카이와Roger Caillois(『인간과 성스러운 것』, 1939)도 언급한 것처럼 먼저 그리스어로 부정不淨은 속죄하는 공희를 의미했고 또 성스럽다는 말도 부정(더럽혀졌다)이라는 의미를 갖고 있었다. 로마 시대에도 성스러운 것sacer이라는 말은 "더럽혀지거나 오염되지 않고는 닿을 수 없는 인간 또는 사물"(에르누A. Ernout, 메이예A. Meillet)을 나타냈다. 비서양 문화 안에서도, 예컨대 폴리네시아어의 타푸tapu나 말레이어의 파말리pamali 등은 축복받은 것과 저주받은 것을 불문하고 똑같이 사람들로 하여금

멀리 떼어놓아야 할 것을 가리켰다. 일본어에서도 기忌와 제齊*
는 원래 같은 관념이었고, 또한 죄つみ는 금기つつしみ에서 나온
말로 원래는 같은 것이었다고 한다.

정말로 성과 부정의 결부는 우리에게 양가감정ambivalence
을 초래한다. 사람은 그것을 두려워하는 동시에 다가가기를 바
라고, 혐오하는 것과 동시에 매혹된다. 이런 것의 좋은 예로 로
제 카이와는 셈족의 종교에서 말하는 히마himâ를 들고 있다.
그것은 한편으로 성스러운 장소인데 거기서는 성교, 수렵, 벌
채, 풀베기 등이 금지된다. 거기에는 법률의 관할이 미치지 않
아 도망간 범죄자는 그 장소의 성성聖性에 의해 처벌을 면한다.
그러나 다른 한편으로 히마는 "그 주위를 도는 자는 거기에 쓰
러져 숨이 끊어질 것이다"라고 할 만큼 꺼림칙한 곳이다.

그런데 이미 말한 것처럼 카오스는 혼돈으로서 코스모스와
노모스라는 질서에 근원적으로 대립하는 것이었다. 하지만 이
경우 혼돈(카오스)과 질서(코스모스, 노모스)는 서로에게 어떤
형태로 작용할까. 그리고 원래 노모스와의 대립 개념이었던 피
시스physis는 어디에 어떤 형태로 위치 지으면 좋을까.

우선 피시스(자연)란 노모스(규범, 제도)가 인위적이고 상

---

* 둘 다 '이미'라고 읽으며 꺼린다거나 금기를 뜻한다.

대적인 것에 비해 있는 그대로의 것을 가리키지만, 인간의 생활 세계(또는 공동 주관의 세계)에서는 아직 손을 안 댄 자연이라는 것은 있을 수 없다. 왜냐하면 문화가 성립했다는 것은 인간이 있는 그대로의 것이 아니게 되었다는 뜻이기 때문이다. 문화란 피시스에서의 일탈이고 피시스를 대신하는 것을 만드는 행위임에 틀림없다.

그리고 인간이 피시스에서 일탈하여 문화를 만들어냈을 때 예전의 피시스는 우주적 자연으로서의 코스모스, 제2의 자연으로서의 노모스 및 폭력이나 광기를 포함하는 근원적 자연으로서의 카오스라는 문화의 세 가지 요소로 분해되어 모습을 바꾸었다고 볼 수 있다. 그렇지만 이 경우 카오스는 코스모스나 노모스와 동일한 의미에서 문화 안에 있는 것이 아니다. 그것은 조르주 바타유의 이른바 '저주의 몫'으로서, 질서 밖에 서서 질서(코스모스, 노모스)를 도발하며 활력을 주는 것으로 기능한다.

25. 이중 구속

작은 철학자 / 상징적 상호 행위 / 선의 공안

영화, 소설, 에세이 등에서 일본판 또는 번역된 제목이 원작 제목보다 잘 붙여진 경우가 적지 않다. 예컨대 가렛 매튜스 Gareth B. Matthews의 『아이는 작은 철학자』(스즈키 쇼鈴木晶 옮김)도 그중 하나다. 원작은 『철학과 아이Philosophy and the Young Child』(1980)로, 너무나도 미국식의 즉물적인 제목이었는데 '아이는 작은 철학자'라는 함축성 있는 제목이 된 것이다.

함축성 있는 표현이라고 말하자면, 일상생활에서 우리 어른이 간과하기 쉬운 말의 용법에 관련된 문제가 이 책에서는 아이의 눈을 통해 여러 가지로 새롭게 드러난다. 그중 하나로 "동시에 두 장소에 있을 수 없다"라는 '자명한 이치'를 둘러싼 이야기가 나온다.

'나'가 "동시에 두 장소에 있을 수 없다"고 말하자 아들은

"아니야, 할 수 있어. 침실 안과 집 안에 동시에 있을 수 있잖아?" 하고 말한다. 그래서 "그런 의미가 아니야. 한쪽이 다른 한쪽 안으로 쑥 들어가 있으면 안 돼" 하고 내가 말하자 아들은 "침실은 복도 안에 없고 복도는 침실 안에 없지만 양쪽에 한 발씩 놓으면 동시에 두 장소에 있게 돼" 하고 대답한다. 나도 아들의 세임에 응해 "그긴 한쪽이 다른 한쪽 안에 포함되지 않은 두 장소에 몸 전체가 있다는 의미인 거야" 하고 되받아친다. 그렇게 말하며 '그럼 대통령이 텔레비전에서 연설하고 있을 때 미국 전역의 무수한 집 안에 대통령이 있다고는 말할 수 없을까' 하고 나는 생각한다.

이것은 한 예지만 어른들이 아이에게 말하는 것 대부분은 상당히 의심스러운데도 보통은 특정한 의미를 밀어붙여 아이의 반론을 피해버린다. 어른의 이런 태도가 "얼마나 아이를 겁쟁이로 만들고 아이의 감수성을 얼마나 둔하게 해버리는지" "아이와의 관계를 악화시키는지"라고 매튜스는 말한다.

사람과 사람 사이에서 말을 주고받는 일은 단지 보내는 사람이 받는 사람에게 행하는 일의적인 정보 전달을 넘어 다의적, 중층적인 관계를 내포하고 있다. 이 경우 주고받는 말은 좁은 의미에서의 언어, 입말verbal language만이 아니라 몸짓 등의 신체 언어도 포함하고 있다. 말할 것도 없이 이런 말의 주고받음은 예로부터 연극에서 저절로 살려지고 체현되어온 것인데, 인간의 자타 관계의 해명이 자각적으로 추진되어옴에 따라 '상징적 상호 행위symbolic interaction' 이론이 생겨나게 되었던 것이다.

사람과 사람 사이의 말의 주고받음, 또는 상징적 상호 행위가 성가신 것은 앞에서 말한 것처럼 말의 의미 작용이 다의적, 중층적일 뿐 아니라 마치 두 개의 마주 본 거울이 한없이 상대를 비추는 것과 비슷한 일이 거기서 생겨나기 때문이다. 예컨대 "조그만 남자아이 P는 자신이 한 일을 나쁘다고 생각하지 않는다. 하지만 그는 그 일에 대해 미안해하는 듯한 태도를 취하도록 어머니 O로부터 기대되고 있다는 사실을 알고 있다" 혹은 "아내 O가 이제 남편에게 사랑을 느끼지 않는다는 사실을 남편 P는 알지 못한다고 아내 O가 생각하고 있다고 남편 P가 생각하고 있다 등의 경우가 그렇다".

이 두 가지 예는 레잉의 『자기와 타자』가 보여주는 것처럼 각각,

$$P \rightarrow (O \rightarrow (P \rightarrow P)) \text{ 및 } P \rightarrow (O \rightarrow (P \rightarrow O))$$

라는 형태로 기호화된다. (만약을 위해 말해두자면 P→P는 자신에 대한 자신의 이미지, O→P는 자신에 대해 상대가 가진 이미지, P→O는 상대에 대해 자신이 가진 이미지이다.) 이 기호화는 아직 관계의 상호성을 한쪽에서 본 것에 지나지 않는다. 그래도 상징적 상호 행위가 가지는 상호성 양상의 일단을

알아채는 데 도움이 될 것이다.

그런데 사람과 사람 사이의 이런 상징적 상호 행위가 가장 드라마틱—본래의 의미에서 참극적慘劇的인—하게 드러나는 것이 그레고리 베이트슨Gregory Bateson이 '더블 바인드Double Bind', 즉 이중 구속의 전형적인 예로 보여주는 다음과 같은 경우다(「정신분열병 이론에 대하여」, 1956).

중증 정신분열병에서 상당히 회복한 젊은이의 병실에 어머니가 병문안을 왔다. 젊은이는 어머니를 볼 수 있게 된 것이 기뻐서,

1. 무심코 한쪽 팔을 어머니의 어깨에 얹는다.
2. 그러자 그녀는 몸이 굳어진다.
3. 그는 그 팔을 뺀다.
4. 그러자 그녀는 "이제 나를 사랑하지 않는 거니?" 하고 묻는다. 그래서 그는 얼굴을 붉힌다.
5. 그러자 그녀는 말한다. "얘야, 그렇게 당황하지 않아도 돼, 자기 기분을 두려워해서는 안 돼."

라고 말한다.

이 환자는 그로부터 어머니와 불과 몇 분밖에 함께 있을 수 없었다. 더 이상 배겨낼 수가 없었고 어머니가 돌아가자 곁에서 시중을 들던 사람을 때리려고 심하게 덤벼들었다. 그 때문에 보호실로 옮겨지고 말았다.

여기서 보이는 관계는 다음과 같이 다시 파악할 수 있다. 어머니를 만나서 태도, 즉 신체 언어로 보여준 것이 말로 표현되는 것과 상반되고, 말로 권하는 것이 태도에 의해 부정된다. 아들이 어느 주장(지시)을 따라도 어머니는 만족하지 않기 때문에 자연스럽게 아들은 딜레마에 빠진다. 어떤 행동을 권하면서 동시에 그것을 금지한다. 그리고 딜레마에 빠져 어찌할 바를 모르는 아들에게 어머니는 상대의 기분을 앞질러 재차 타격을 주기 때문에 퇴로가 차단당하고 만다.

이 '더블 바인드' 이론의 기초가 되는 것은 베이트슨이 버트런드 러셀Bertrand Russell로부터 시사를 얻은 논리 계형logical type의 혼동이 병리적 커뮤니케이션을 야기한다는 사고다. 다시 말해 러셀에 따르면 어떤 집합에서 클래스class와 그 멤버는 불연속적이며 클래스와 멤버는 동일시될 수 없다. 양자에게 쓰이는 말은 상이한 추상 차원 또는 논리 타입에 속하기 때문이다.

원래 이 '이중 구속' 이론은 베이트슨이 공동 연구자들과 함께 현대의 대표적인 정신질환으로 보이는 분열병을 해명할 때 그 중심 모델로서 내놓은 것이다. 하지만 그런 정신의학 모델을 넘어 우리에게 강하게 호소하는 것은 인간 커뮤니케이션—나아가 어머니와 아들을 비롯한 부모 자식 관계—의 핵심에 다가가기 때문일 것이다.

그리고 베이트슨도 말했지만 흥미로운 것은 사람을 일부러 이런 딜레마에 빠뜨리는 것을 수행修行의 방법으로 사용하는 것으로 '선禪의 공안公案'이 있다는 점이다. 예컨대 스승이 제자에게 말한다. "만약 네가 이 막대기가 실재한다고 말하면 나는 너를 이 막대기로 때려눕힐 것이다. 또 만약 네가 이 몽둥이가 실재하지 않는다고 말하면 역시 나는 너를 이 몽둥이로 때릴 것이다. 그리고 만약 네가 그 어느 쪽으로도 대답하지 않으면 그래도 이 몽둥이로 너를 때려눕힐 것이다." 하지만 선의 제자의 경우에는, 제자가 손을 뻗어 스승의 손에서 그 몽둥이를 빼앗아 딜레마 상황에서 자신을 해방시킬 수 있다. 그리고 선의 공안은 그것을 할 수 있게 하기 위한 '이중 구속'의 훈련이기도 한 것이다.

26. 통과의례

죽음과 재생 / 영원한 소년 / 리미널리티

일전에 30년 지기의 동학 이키마쓰 게이조生松敬三를 잃었다. 경야經夜의 독경을 들으며 사람의 일생이라는 걸 생각했다. 나이가 비슷하고 거의 같은 분야에서 일해온 사이였기 때문이다.

경야를 포함한 장례 절차는 모든 민족, 모든 문화에서 가장 중요한 통과의례 중의 하나인데, 지금 '통과의례'를 다루며 이키마쓰 게이조의 죽음 이야기를 꺼낸 것은 그 때문만은 아니다. 이키마쓰가 생전에 마지막으로 쓴 원고에 도쿄 신주쿠의 센터빌딩 지하 광장에 전시되어 있는 〈가두의 단상pensée〉을 위해 적은 「직선은 최단 거리인가?」라는 단문이 있는데, 그 내용을 이키마쓰가 어떤 생각으로 썼는지 물어볼 기회를 놓친 채 내내 궁금했기 때문이다.

이키마쓰는 이렇게 썼다. "누구나 알고 있듯이 두 점 사이의 최단 거리는 그 두 점을 잇는 직선일 것이기 때문에 어떤 명제의 논증으로 그 최단 거리를 이치만으로 밀어붙일 수 있다면 그것이 최상의 방법이라 여겨진다. 하지만 이렇게 여부를 불문하고 밀어붙여도 그것으로 상대를 설득할 수 있나 한다면 그것은 또 다른 문제다."“설득을 비롯한 살아 있는 인간이 직접 관련되는 장면에서 직선은 최단 거리인가, 하고 의문을 제기하지 않을 수 없는 일이 흔히 있다.”“어떤 철학자도 어려운 문제의 해명에는 단도직입적으로 그 중심에 다가가기보다는 그것을 멀리서 에워싸고 점차 고리를 줄여가는 것이 낫다고 말한다.”

아마 여기서 이키마쓰 게이조는 현대라는 시대의 성급함, 모든 것에 최단 거리로 답을 찾으려고 하는 태도를 참을 수 없게 되어 두 점 사이를 직선으로 잇는 것이 특히 인간의 문제에 관해서는 꼭 최단 거리가 된다고는 말할 수 없다고 호소했을 것이다. 적어도 나는 그렇게 읽고 공감을 느꼈다. 최근에 나도 결과나 도달점이 아니라 과정의 중요성에 눈길을 주게 되었기 때문이다. 또한 그것과 관련하여 경계성, 경계성 인격장애, 박명 영역twilight zone 등에 관심을 갖게 되었기 때문이다.

일반적으로 현재는 인간의 개인적인 일생의 리듬 또는 사이클이 굉장히 모호해졌다. 그 이유로 두 가지를 생각할 수 있다. 하나는 시간이 균질화되고 두루뭉술해진 가운데 예전에 있던 인생의 어떤 단락에 대한 전통적인 의례(일본으로 말하자면 생일 축하, 7살 축하, 성인식, 결혼식, 임신·출산 축하, 호주 승계 축하, 액년 축하, 장례, 기일·공양 등)가 없어지거나 형해화하여 서로 유기적인 연결을 잃어버린 데 있다. 또 하나는 평균 수명이 20여 년이나 늘어나 생애 주기life cycle의 기본적인 길이나 나뉘는 방식이 변하여 전통적인 지혜로는 대응할 수 없어 '지루해서 못 견디는' 시기가 생긴 데 있다.

그런데 인생의 어떤 단락에서의 의례는 인간이 일생 중에서 반드시 만나고 그곳을 통과해야만 하는 것으로서 아르놀트 반 헤네프Arnold van Gennep(『통과의례』, 1909) 등에 의해 '통과의례'로 불리고 있다. 이 경우 통과는 동질적인 삶의 연속을 그저 통과하는 것이 아니다. 오히려 그것은 각각의 단락에서 상징적인 죽음과 재생을 통해 탈피해가는 활동이다. 그러므로 통과의례는 예전에 ―즉, 원래는― 일상생활에서 격리된 특정한 장소에 특정한 사람들이 모여 며칠에 걸쳐 충분한 시간을 들여 이루어졌던 것이다.

그러한 통과의례는 모두 낡은 소속 집단을 벗어나 새로운 소속 집단에 가입한다는 성격을 갖고 있었는데, 그중에서도 특히 가입 의례initiation라는 이름에 합당한 것이 성인식이었다. 다만 엘리아데(『생과 재생Birth and Rebirth』, 1958)도 말한 것처럼 종교사적인 관점에서 '이니시에이션initiation'이라고 할 때 거기에는 성인식만이 아니라 특정한 비의秘儀 집단, 고講 집단*에 가입하기 위한 의식 및 신비적 소명에 의해 주술사나 샤먼이 되기 위한 의식 역시 포함된다. 왜냐하면 성인식도 원래는 그 심층에서 그러한 의식과 결부되어 있었기 때문이다.

그리하여 우리는 이니시에이션으로서의 성인식이 형해화하여 본래의 힘을 잃을 때 왜 '영원한 소년' 증후군이 나타나는지, 그리고 왜 야쿠자 같은 '폭주족'이 나타나는지를 알 수 있다. 먼저 영원한 아이 증후군puer eternus은 오비디우스가 고대 그리스의 아동신 이아코스에게 부여한 호칭이며 이아코스는 엘레우시스의 비의秘儀 행렬의 선두에 서게 된다. 그는 여신 데메테르의 자식이기도 한데 엘레우시스의 비의에서는 곡물이 대지를 모태로 하여 매년 겨울에는 시들고 봄에는 새싹을 틔우는 현상, 즉 성인이 되지 않고 죽는 것을 되풀이하는 존재로 모방된다.

증후군으로서 '영원한 아이'란 어머니를 떠나지 못하고 어른이 되고 싶어 하지 않는 아이, 착상이나 감수성이라는 점에서는 뛰어나지만 끈기 있는 실행력을 결여한 아이를 말한다. 가와이 하야오(「개설」, 『라이프 사이클』, 1983)에 따르면, 예를 들어

---

* 종교상·경제상, 그 밖의 목적 아래 모인 사람들이 맺은 사회집단.

'한 대학생'은 지능이 높지만 아무래도 그 능력을 충분히 발휘하지 못한다. 친구가 여러모로 권해보지만 억지 이유만 늘어놓으며 하려고 들지 않는다. 그런데 어느 날 갑자기 무엇인가의 운동에 찬성하고 행동하기 시작한다. 말하는 것은 날카롭고 행동력도 있지만 논리가 일면적이고 안이한 데가 있다. 머지않아 열기가 식거나 실패하거나 하면 순식간에 원래의 무위 상태로 돌아간다. 그런가 하면 또 새로운 아이디어나 운동에 열중한다. 이런 일이 되풀이될 뿐이다. 이런 '영원한 아이' 원망은 모든 사람의 마음속 심층에 숨어 있어 사정에 따라서는 사람들에게 창조성을 가져다주지만 자기 안에 충분히 통합되지 않고 독주할 때 증후군이 되는 것이다.

한편 야쿠자 같은 '폭주족'의 날뜀은 현재 성인식이 완전히 형해화한 가운데―뒤집힌 형태이지만―가입 의례가 원래 가져야 할 일상성에서의 격리와 특권적인 비의에 참가하는 것을 우연히 체현하게 되었다. 심야의 거리를 굉장한 폭음을 내며 질주하는 것은 바로 현대의 비교적秘教的 의식이라 할 수 있지 않을까. 또한 이런 비일상적인 집단행동은 마치 빅터 터너 Victor Turner가 말하는 '코뮤니타스communitas' 개념과 그대로 들어맞는다.

왜냐하면 터너가 말하는 코뮤니타스란 제도화된 일상의 코뮤니티로부터의 자유, 또한 그것에 대립하는 비일상적이고 감성적인 공동체를 말하고, 나아가 그 전형적인 예로 통과의례, '천년왕국' 운동, 수도원, 대항문화counter-culture 등이 생각되고 있기 때문이다(『상징과 사회』, 1974). 그뿐만이 아니다. 이 코뮤니타스는 통과의례에서의 리미널리티(liminality, 경계성, 과도성) 영역에서 현재화된 것이다.

이 리미널리디라는 사고를 일반화히면서 직선 위외 한 점이 아니라 비연속을 형성하는 하나의 틈으로 다시 파악한다면 — 아오키 다모쓰靑木保(「경계의 시간」, 1981)도 그것을 면밀한 공백이라 바꿔 부르는 것처럼 — 이계異界로 들어가는 입구가 되기도 할 것이다. 또한 그런 리미널리티를 가질 때 우리의 세계는 시간적으로도 공간적으로도 다변화하여 이키마쓰 게이조가 비판적으로 문제 삼은 '두 점 사이의 최단 거리'라는 것은 의미를 잃게 되는 것이다.

27. 어릿광대

기원의 부재 / 헤르메스 / 반대의 일치

여기서 다루는 여러 가지 술어를 자신의 이해를 통해 각각 5페이지 안에서 다시 파악하려는 이 책의 시도는 어느 항목도, 이를테면 리좀(땅속줄기)이 이리저리 뻗어 있다고 할까, 아무튼 간단히 정리하기가 힘들다. 하지만 특히 이 '어릿광대'는 틀에 들어가고 싶어 하지 않는 일탈의 명인이고 때와 장소를 불문하고 멋대로 출몰하고 자유자재로 변화하는 상대여서 붙들어두기가 무척 힘들다. 그러므로 차라리 공백인 채 남겨두는 것이 좋을지도 모른다. 이런 생각도 했지만 그렇게 할 수도 없어 마치 어릿광대 의상처럼 패치워크나 단장斷章식으로 해보기로 한다.

기원이 없는 어릿광대

자신의 문제에 억지로 끌어다 맞춰 말하자면 나는 진작부터 '나폴리의 정신사'라는 것을 구상하고 있었는데, 그곳에서 태어나서 활동한 대지식인들만이 아니라 나폴리가 낳은 코메디아 델라르테의 한 전형적인 어릿광대 풀치넬라를 문제로 삼지 않을 수 없었다. 그래서 일단 역사적인 출치를 조사해두려고 이런저런 책을 살펴보았다. 그러자 오래전 시대로 연결될 듯한 인물이 없는 것은 아니었는데, 그 여러 명이 여기저기서 튀어나와 결국 기원이 없는 것이나 마찬가지가 되었다.

또한 그 이야기와 연결될 것 같은 것은 다음과 같은 내 경험이다. 언젠가 나폴리를 방문했을 때 나는 풀치넬라 가면을 입수하고 싶어서 찾아봤지만 이상하게도 아무 데서도 팔지 않았다. 결국 우연히 어느 조그만 아틀리에에서 종이로 만든 얼굴 한쪽 면만 있는 것을 발견했는데, 풀치넬라 가면이 왜 그렇게 찾기가 힘든지 이상했다. 그런데 그 의문을 풀 힌트가 장노엘 쉬파노Jean-Noël Schifano의 『나폴리』(1981)에 나왔다. "지금도 나폴리의 민중은 모두 가면을 벗은 풀치넬라다"라고 말한 것이다. 그렇다면 풀치넬라의 가면은 민중 안에 확산되어 있어 현재화할 필요가 없는 것이다.

아를레키노와 헤르메스

똑같은 코메디아 델레르테의 어릿광대라도 베르가모 태생의 아를레키노의 경우 훨씬 복잡한 인물인 만큼 출신 탐색은 한층 기원이 복잡해지고 그것들이 교착되어 있어 도저히 기원이라고 말할 수 없게 된다. 그것에 대해서는 야마구치 마사오가 그의 획기적 어릿광대론(『어릿광대의 민속학』, 1975)에서 깊이 고찰했다. 그 결과 우선 아를레키노가 1. 보편적으로 유럽 중세적 형상인 **듯하다**는 것, 2. 지옥 이미지와 연결되어 있는 **듯하다**는 것, 3. 카니발의 가장행렬과 깊은 관계를 갖고 있는 **듯하다**는 것(강조는 나카무라 유지로)을 보여주고 있다.

이어서 아를레키노가 처음부터 두드러지게 연극적 형상이었다는 것, 게다가 그것이 악령처럼 두려워해야 할 성격도 갖추고 있었다는 것을 밝힌 다음, 아를레키노의 탄생을 가능하게 한 공간을 시장市場에서 이루어지는 카니발의 축제적 공간일 거라고 말했다. 야마구치의 이러한 탐구에서도 아를레키노는 시장 민중 안에 모습을 숨기고 있었던 것이다.

또한 야마구치는 아를레키노의 명계冥界 방문을 통해 아를레키노와 그리스 신화에 나오는 헤르메스의 관련을 살펴나간다. 신화적 '트릭스터'—트릭을 구사하는 문화 영웅—인 헤르메스에게는 1. 작으며 크고 어리며 성숙하다는 상반된 것의 합일, 2. 도둑질, 속임수에 의한 질서 교란, 3. 도처에 모습을 드러내는 신속성, 4. 새로운 조합에 의한 미지의 것 창출, 5. 여행자, 전령, 안내인으로서 다른 세계를 이어주는 것, 6. 교환이라는 행위로 이질적인 것들 사이에 전달을 성립시키는 것, 7. 항상 움직이는 것, 새로운 국면을 불러오는 것, 실패를 두려워하지 않는 것, 그것을 웃음으로 전화시키는 것 등의 행위, 태도의 결합이라는 측면이 있다.

그리고 아를레키노는 헤르메스와 다음과 같이 관련지을 수 있다. "우리는 아를레키노가 자유자재로 모습을 바꿀 수 있는 가능성의 실제에서 민중적 상상력과의 회로를 회복하고 마성 Numinose을 띤다고 말해야 할 것이다. 이를테면 아를레키노는 인간과 인간을 넘어선 것, 일상과 비일상, 이승과 피안의 중간에, 즉 모든 것이 끊임없이 생성하는 지점에 서 있는 경계 돌기 등이고, 그 신화성에서 헤르메스와 대응할 충분한 성격을 갖추고 있었던 것이다."

비터 풀

셰익스피어의 희곡에는 실로 매력적인 어릿광대가 많이 나오는데, 그중에서도 내가 좋아하는 것은 『리어 왕』에 나오는 어릿광대다. 여기서 어릿광대는 리어 왕을 그림자처럼 따라다니며 서툰 익살 같은 직유나 은유를 써서 리어 왕을 위로하고 스스로 위안거리가 되면서도 리어 왕을 야유하기도 하고 생기에 넘치게 말싸움을 한다. 그는 혹독한 광대bitter fool와 달콤한 광대sweet fool의 구별을 들고 나와 리어 왕을 이런 식으로 야유한다.

"영지를 넘기라고 꼬드기고 / 너를 그렇게 만든 놈 / 그 낯짝을 보고 싶다, 데려와라 / 그래 네가 대신이다 / 즉석이지만 이대로 / 혹독하고 달콤한 어릿광대의 본보기다 / 달콤한 광대는 이쪽, 얼룩 옷(자신을 가리킨다) / 혹독한 광대는 그쪽, 그래, 거기(리어 왕을 가리킨다)". 이에 대해 리어 왕이 "나를 바보로 부를 셈이냐, 꼬맹아?" 하고 되묻자 어릿광대는 "댁은 다른 직함을 모두 버렸는걸, 갖고 태어난 것 말고는 없어"라고 대답한다(제1막 제4장).

이 어릿광대는 리어 왕과 함께 폭풍이 치는 황야를 방황하게 되는데 혹독한 바보bitter fool 리어 왕도 그렇고, 일부러 미친 거지로 변장한 에드거(글로스터 백작의 장남)도 그렇고, 주변 사람이 자신의 본령을 빼앗아버리기 때문에 "이렇게 추운 밤에는 누구나 바보든 미치광이가 되는 거지" 하고 말한다. 그리고 제3막 제6장의 중간에 "해가 뜨면 잠이나 자야지" 하는 대사를 하고는 두 번 다시 무대에 등장하지 않는다.

소크라테스와 '반대의 일치'

윌리엄 윌포드William Willeford의 『어릿광대와 홀』(1969)에는 자주 반대의 일치coincidentia oppsitorum라는 말이 나오기 때문에 당연히 니콜라우스 쿠사누스Nicolaus Cusanus에게서 끌어다 쓴 거라고 생각했더니 융에게서였다. 쿠사누스의 '반대의 일치'는 어릿광대의 문제가 내 의식에 떠오르기 전부터 깊은 관심을 갖고 있었던 만큼 그것이 어릿광대의 문제와 결부되는 것은 기쁘다. 반대의 일치란 확실히 세계를 거꾸로 하고 세계 안에 혼돈을 불러들이는 것과 연결되지만 거기서 문제가 되는 것은, 쿠사누스에 앞서 역시 무지의 지를 주장한 소크라테스와 어릿광대의 관계다.

다카하시 야스나리高橋康也(『어릿광대의 문학』, 1977)가 상세히 검토하고 있는 것처럼 소크라테스 어릿광대설은, 플라톤의 대화편 『향연』의 알키비아데스, 에라스무스(『격언집』), 라블레(『제 1서 가르강튀아』)가 각각 소크라테스의 사티로스, 시골뜨기·얼간이, 미치광이라는 식의 이형의 풍채에 주목함으로써 진행된다. 즉 알키비아데스는 "당신은 사람을 우롱하는 인간이다"라고 찬탄을 담아 시비를 걸고, 에라스무스는 "그의 끝없는 농담은 그를 어릿광대로 보이게 했다"라고 쓴다. 하지만 여기서 더욱 놀랄 만한 일은 그 소크라테스를 문헌학에 정통한 니체(『비극의 탄생』)가 그리스 문화에서의 디오니소스적인 것을 죽인 철학적 합리주의의 장본인이라고 한 점이다. 그렇게 되면 그 정반대인 소크라테스상, 어릿광대와 반反어릿광대를 포함한 소크라테스는 어릿광대의 극치(메타 어릿광대)라고 말해야 할지도 모른다.

28. 도시

메디오코스모스 / 심층 도시 / 탈형이상학

최근에 '도시' 또는 '도시'론이 널리 사람들의 관심을 끌게 되었다. 예전에는 도시라고 하면 농촌과 대립하는 곳, 농촌이 공동체적, 정체적인 데에 비해 도시는 자유롭고 활동적인 곳으로 생각되는 경우가 많았다. 지금도 도시에 대한 그런 생각이 완전히 무시당하는 것은 아니지만, 새로운 관점을 통해서 그것이 생각되게 되었다.

도시를 우리 인간의 거처로서 파악할 때 종래의 도시와 농촌이라는 구별과 대립이 완전히 무용해지는 것은 아니라고 해도 일차적인 것은 아니게 된다. 왜냐하면 그때 가장 중요해지는 것은 거주하는 기분이나 걷는 기분이라는 코스몰로지적 측면과 신체성과 관련된 측면이고, 따라서 도시는 취락에 가까워지기 때문이다. 하지만 그렇다면 도시 = 취락을 어떻게 도시에 의해 대표하게 할까. 그것은 이른바 도시가 특별히 문화적인 소산이고 고도로 분절화된 인간 공간이기 때문이다.

거처로서의 도시라고 하면, 하이데거의 인간 규정에 '세계-내-존재'라는 것이 있다는 것은 잘 알려져 있다. 이 규정이 의미하는 바는 결코 단순하지 않지만, 아무튼 그것은 인간이 근본적인 존재의 양상으로서 세계 안에서 세계와 밀접한 관계를 갖고 존재하고 있다는 것을 나타낸다. 다만 공간적으로 세계 안에 있다거나 세계를 의식의 대상으로 삼고 있다는 것에만 그치지 않는다. 그러나 이런 경우에 쓰이는 세계라는 용어는 현저하게 구체성을 결여하고 있다.

좀 더 구체적인 인간의 양상에 의거하여 하이데거가 말하는 그 세계를 다시 파악할 때 거기에 나타나는 것이 취락을 포함한 의미에서의 도시다. 따라서 단순화해서 말하자면 의식적인 존재로서의 인간적 자아의 상관자가 세계인 것에 비해 구체성을 띤 '심신 합일적인 존재'로서의 자기의 상관자가 도시라는 이야기가 된다. 그리고 이 신체성을 띤 존재로서의 자기는 예로부터 많은 사람들이 말해온 미크로코스모스로서의 인간과 상통한다. 이 미크로코스모스 = 인간은 마크로코스모스 = 대우주와 조응하는 것이었다.

하지만 그렇다고 해서 도시가 그대로 마크로코스모스 = 대우주를 드러내는 것은 아니다. 이미 말한 것처럼 거처로서의 도시는 확실히 일종의 코스모스(유기적 우주)이기는 하지만 지금까지 코스모스로서는 정당하게 명명되지 않았다. 그래서 나로서는 도시를 '메디오코스모스'라고 명명하고 싶다. 그것이 의미하는 것은 마크로코스모스와 미크로코스모스를 매개하는 것이라는 사실이다. 마크로코스모스는 내 앞에 그대로 모습을 드러내는 것이 아니라 도시를 통해서 드러낸다.

그런데 이런 관점에서 도시를 다시 파악할 때 우리는 지금까지처럼 반드시 서구의 중세 성곽도시Burg를 모델로 하여 도시를 생각하지 않아도 된다. 주위를 높은 돌담으로 둘러싼 성곽도시 및 거기서 발달한 서양의 근대도시가 오랫동안 도시에 대한 통념을 형성하고 고정화시켰다. 그러므로 사람들은 도쿄에 대해 생각할 때 그 통념 또는 규준에 따라 종종 큰 시골이라 말하지 않을 수 없었다. 확실히 성곽도시에서 발달한 서양의 근대도시는 주위의 윤곽이 확실하고 명확히 분설화된 인간 공간을 형성하고 있다. 그러나 거처로서의 도시에 중요한 것은 도시의 실용적인 표층이 아니라 오히려 그것에 은폐된 도시의 심층, 심층 도시인 것이다.

도시의 심층을 구성하는 여러 요소로서 중요한 것은 동서남북, 상하(천지) 등의 의미 있는 방향성이고 성스러운 장소·속된 장소·더러운 장소(→ 24. 성스러운 것)의 배치이고, 언덕·다리·강·경계 등이 가지는 기호론적인 의미다. 그것들은 실용적인 관점에서 도시를 파악하고 도시와 접할 때는 이른바 잠든 채인데 그 안에서 우리가 신체성을 띤 존재로서 살고 거주하고 걸어 다닐 때, 즉 내가 말하는 퍼포먼스(→ 31. 퍼포먼스)가 이루어질 때 심벌리즘(상징 표현)이나 코스몰로지(유기적 우주론)의 차원을 통해 그것들의 모습으로 떠오르고 파악되는 것이다.

예를 들어 다리 하나를 예로 들어도 게오르그 짐멜Georg Simmel(유고집 『다리와 문』, 1957)의 선구적인 통찰이 보여주는 것처럼 고도로 상징적이고 우주론적 심층의 의미가 감추어져 있다. 그는 다음과 같이 말한다. 외계 사물의 형상은 우리에게 양의성을 띠고 있다. 결합되어 있고 동시에 분할되어 있기 때문이다. 왜냐하면 모든 것은 서로 연관되고 하나의 유기적 전체(코스모스)를 형성하고 있기 때문이다. 특히 다리는 우리의 의지 영역이 공간으로 확장되어가는 모습을 상징하고 있다. 강의 양안이 단지 공간적으로 떨어져 있을 뿐 아니라 분할되어 있다고 느끼는 것은 우리뿐이고, 가교架橋는 그 분할을 극복하는 상징적 행위의 의미를 갖고 있는 것이다.

케빈 린치Kevin Lynch(『도시의 이미지』, 1960)는 도시의 이미지를 분석할 때 패스(Path ; 통로―도로, 하천 등), 에지(Edges ; 연변―물가, 낭떠러지 등 통로의 연속을 중단하는 것), 디스트릭(District ; 구역―공통의 인식 작용을 초래하는 범위), 노드(Nodes ; 결절점·집중점), 랜드마크(Landmark ; 표지)를 요소로서 주목한다. 이것도 도시의 심층을 가능한 한 명확하게 파악하려는 기획이다. (아울러 다리를 뜻하는 일본어 橋[하시는 하시端와 통한다]의 함의를 생각하면 다리는 통로도 연변도 된다.)

앞에서 나는 도시는 우리의 퍼포먼스를 통해 이를테면 잠에서 깬다고 말했다. 그리고 그때 도시는 두드러지게 연극성을 띠게 될 것이다. 바꿔 말하면 자기 주변의 건물이나 길모퉁이, 언덕·다리·강 등이 단순한 무대 장치나 실용 도구인 것을 넘어 생생한 모습을 드러내는 것이다. 예전에 데라야마 슈지는 "길거리를 극장으로!"라는 슬로건 아래 '가두 연극'을 제창한 적이 있다. 그 시도는 대체로 세상 사람들로부터 싸늘한 반응을 받았지만 지금 도시론의 관점에서 돌이켜보면 퍼포먼스(신체 행위)를 통해 퇴색한 현대 도시를 되살릴 수 있는 모험적인 시도였다고 할 수 있다.

하지만 도시에는 물론 극장이라는 은유에 의해서는 끝나지 않는 것이 있다. 왜냐하면 도시의 유기적 통일성(코스모스)은 역사성─오랫동안 사람이 사는 것─과 유기적 물질성의 매개에 의해 성립되어 있고 복잡한 분절화와 동적인 구조를 포함하고 있기 때문이다. 특히 현대 도시에서 직접적인 유기적 통일성은 성립되지 않고, 섣불리 그것을 요구하면 의사적擬似的

인 것이 되지 않을 수 없다.

다키 고지多木浩二(『살았던 집』, 1983, 신판)도 말한 것처럼, 예컨 대 하이데거, 볼노브Otto Friedrich Bollnow, 노르베르그-슐츠 Norberg-Schulz의 계보에서 생각하는 파악 방법―실존의 단계 와 공간의 스케줄을 대응시키고 토지의 정령으로 연결되는 중 심적인 집에서 점차 큰 환경에 이를 때까지 동심원적 구조로 서 파악하는 방법―은 '고전적인 형이상학적 통일'을 가진 인 간의 관념에 아직 사로잡혀 있을 것이다. 그리고 바로 그런 탈 형이상학에 대한 요청에서 도시 문제는 새로운 동적 구조 모 델(리좀, 세밀라티스 등 → 23. 제도), 기호론, 텍스트론 등과도 깊은 관련을 가지며 현대 지식의 최전선에 서게 된다.

29. 토포스

토지의 정령 / 상투어 / 장소의 논리

‘유토피아’의 토피아, 시사 문제, 즉 ‘커런트 토픽스current topics’의 토픽스 / 토지의 정령, 즉 ‘게니우스 로키genius loci’의 로키 / 상투어, 즉 ‘코먼 프레이즈common praise’의 프레이즈 / 문제 변증론, 즉 ‘토피카topica론’의 토피카 등 여러 영역에서 보통은 따로따로 의식되거나 거론되는 말이 근본적으로는 하나라는 사실을 아는 것은 사고의 자극이 되어 꽤나 즐거운 일이다.

하지만 이 경우에도 그 말들(어소語素)을 서구어, 라틴어, 특히 그리스어까지 거슬러 올라가 생각하지 않으면―등, 이라고 말해도 그다지 과장된 것은 아니지만―근원적인 연결을 파악할 수 없는 난처함은 있다. 또한 어원적으로 말해도 영어 플레이스place도 라틴어 로쿠스(locus, 로키는 그 소유격)도 모두 그리스어 토포스topos에서 나온 것이기 때문에 그들 상호간에는 연관이 지어져도 일본어에는 제대로 친숙해지지 않아 결국 빌려 쓰는 용어가 아닌가, 하고 생각하는 사람이 있을지도 모른다.

그러나 일본어에도 장場, 간間, 장소, 장면 등 적극적인 의미를 담아 쓰이고 있는, 풍부한 의미 작용을 가진 용어가 있고, 그것들은 크게 '토포스' 문제와 관련되어 있다. 아니, 그뿐 아니라 '토포스' 문제의 새로운 전개는 일본어에서 말하는 장소―'장소의 논리'에서 말하는 장소―간間, 마ま, 아이다ぁぃだ* 등의 사고에 의해 더욱 잘 이뤄질 수 있다.

그런데 '토포스'란 우선 넓은 의미에서의 장소를 의미하는데, 처음에 말해두어야 하는 것은 그 장소란 유클리드 기하학적, 뉴턴 물리학적 공간과는 다른 것이라는 사실이다. 이 공간의 본질은―데카르트가 말하는 것처럼―"세로·가로·높이가 확대된다"는 것에 있는데, 토포스를 생각하려면 그런 추상 공간, 균질 공간의 사고에서 자유로워질 필요가 있다. 오히려 근대과학, 근대적 공간 개념이 성립하기 이전의, 주로 아리스토텔레스에서 유래하는 토포스라는 말을 불러내는 이유 중 하나

---

* 間, ま, あいだ는 공통적으로 '둘 간의 떨어진 사이, 간격, 틈새' 등의 의미로 쓰인다.

가 거기에 있다.

아리스토텔레스에서 토포스는 무엇보다 다음의 두 가지 성격을 가진 것으로 파악되었다. 하나는 '자연적인 장소'로서의 성격이다. 자연적인 장소란 사물에는 각각 위치해야 할 장소가 있다는 것이고 또 그 장소가 상하, 전후의 구별을 갖고 있다는 점이다. 또 하나는 '사물을 그 안에 포함하는 용기容器'로서의 성격이다. 그러므로 이 경우 토포스란 일정하게 공간적으로 확대되고 사물을 안에 집어넣게 된다.

여기에 나와 있는 토포스의 두 가지 성격은 그 후 여러 가지 형태로 전개되는 토포스＝장소에 대한 사고의 출발점을 이룬다. 즉, 양자는 서로 겹치면서도, 특히 전자의 방향에서 '살아 있는 공간' '거처로서의 우주' '토지의 정령' 또한 '유토피아'의 토피아의 사고가 나온다. 그에 비해 특히 후자의 방향에서 나오는 것이 '토피카론' '코먼 프레이즈' '키런트 토픽스'의 토픽 등을 포함하는 넓은 의미에서의 수사론에 속하는 토포스에 대한 사고다.

또한 그 두 가지 토포스의 전자는 내가 말하는(『공통감각론』) 토포스＝장소의 네 가지 측면 중에서 직접적으로 '상직적인 것으로서의 장소'로 이어지고, 간접적으로 '신체적인 것으로서의 장소'로 이어진다. 그에 비해 후자는 직접적으로 '문제의 구체적인 고찰이나 논의와 관련된 것으로서의 장소'로 이어지고,

간접적으로 '근거인 것으로서의 장소'로 이어진다. 지금 각각에 대해 간접적으로라는 유보를 붙여 관련을 보여주어야 하는 경우가 나온 것은, 그런 관련을 확실히 성립시키기 위해서는 '구체적인 것'에 대해서도, '근거인 것'에 대해서도 아리스토텔레스적 사고를 크게 넘어서야 하기 때문이다.

그래서 일단 '상징적인 것으로서의 장소'는 단적으로 말해 농밀한 의미와 의미 있는 방향성을 가진 장소를 말한다. 그리고 그것을 잘 보여주는 것은 세속적인 공간과 구별된 의미에서의 성스러운 공간, 신화적인 공간이다. 그런 성스러운 공간은 몇 개의 핵심이 되는 장소를 포함하여 성립하고, 그 핵심이 되는 장소는 산꼭대기나 숲속 등에서 성스러운 장소로 뽑혀 세속적인 공간으로부터 구별된다. 그리고 성스러운 공간은 정리된 전체성에서 저절로 우주론적 성격을 띠고 우주와 비슷한 형태를 취하는 경우가 많으며, 따라서 예전에는 도시나 가옥이 그런 자각 아래 만들어졌다. '게니우스 로키', 즉 토지 = 장소의 정령이라는 것은 농밀한 의미를 가진 장소가 자아내는 독특한 분위기를 거기에 사는 정령으로 다시 파악한 것이다.

다음으로 '신체적인 것으로서의 장소'라는 것은 신체적으로 내면화된 공간인 동시에 의식적 자아 또는 정신의 기체基體 = 장소로서의 신체를 말한다. 그리고 신체적으로 내면화된 공간이라는 것은 활동하는 신체를 통해 분절화되고 또 테리토리(territory, 영역)가 된 공간을 말한다. 그에 비해 의식적 자아의 기체＝장소로서의 신체란 정신의 감옥이라 생각된 신체(아리스토텔레스)도, 정신과 실체적으로 구별된 신체(데카르트)도 아니며 의식적 자아의 지평이며 기반인 실존적 신체를 말한다.

그렇다면 '문제의 구체적 고찰과 논의와 관련된 것으로서의 장소'란 무엇일까. 이는 고대 수사학에서 말하는 토포스론이 가지는 문제성을 좀 더 넓은 견지에서 다시 파악하려고 할 때 나온 토포스＝장소의 측면이다. 다시 말해 "숨겨진 장소가 드러나면 숨겨진 것이 쉽게 발견되는 것처럼 충분한 논의를 하려고 하면 그 장소 또는 토포스를 알아야 한다. 그러므로 토포스를 논의가 감추어진 곳으로 정의할 수 있다"(키케로, 『토피카』). 그런 것으로서의 토포스는 논의를 얼마나 많은 종류의, 또는 어떤 종류의 사항으로 연결할지, 어떤 화제로부터 시작할지를 정하는 것이었다. 토포스의 이러한 의미나 기능은 문학상의 표현에 대해서도, 어떤 주제에 대한 다양한 표현의 축적을, 예컨대 연애의 토포스라든가 노년의 토포스라는 식으로 말할 수 있고 또 그런 표현이 관용구가 된 것은 코먼 프레이즈(상투어)로 말해지게 된다.

마지막으로 '근거적인 것으로서의 장소'인데, 이 경우 근거라는 것은 존재의 근거 또는 기초를 말한다. 인간 존재, 나아가서는 존재 일반에 대해 그 존재의 근거는 오랫동안 주어＝주체와 존재＝유有 안에서 요구되어왔다. 지고한 존재로서의 신(아리스토텔레스)의 경우도 있고, 자아 주체로서의 인간(데카르트)의 경우도 있었다. 그에 비해 존재 근거를 술어＝장소와 무無 안에서 찾은 것이 니시다 기타로의 '장소의 논리'였다. "보통 나라는 것도 사물과 마찬가지로 갖가지 성질을 포함한 주어적 통일로 생각되었지만, 나라는 것은 주어적 통일이 아니라 술어적 통일이다. 하나의 점이 아니라 하나의 원이다. 물物이 아니라 장소다"(「장소」, 1926). 그리고 이 장소가 무의 장소로 불리는 것은 그것이 존재＝유의 반대 극에 나타나는 것이기 때문이다.

또한 토포스＝장소와의 관계에서 일본어 간(間, ま, あいだ)의 사고가 중요한 의미를 가지는 것은 그것이 물＝존재 자체가 아니라 물＝존재 사이의 간극＝공백이면서도 오히려 물＝존재를 활기 있게 하는 기능을 갖고 있기 때문이다.

30. 파토스

파톨로기 / 이데올로기 / 정동·정념·감정

『미키 기요시三木淸 전집』제11권의 「후기」(마스다 게이자부로枡田啓三郞)를 훑어보고 있었더니 '파토스'라는 말에 대해 "이 그리스어를 자신의 술어로 쓰고 일반에 통용시킨 사람이 이 저자였다"라고 되어 있어 역시 그랬구나, 하고 생각했다. 일본어로 파토스pathos는 보통 영어식 읽기로 페이소스라고 읽고 인생의 비애, 애수라는 의미로 즐겨 사용되어왔다. 그것을 일찌감치 그리스어의 원뜻으로 되돌려 로고스(이성)와의 대비로 정열, 격정이라는 의미로 사용한 사람이 미키 기요시였던 것이다. 또한 미키 기요시는 파토스의 이런 용어법의 연장선상에서 이데올로기에 대한 파톨로기Pathologie를 제창했다. 여기서도 파톨로기는 의학 용어로서의 병리학이 아니라 파토스학, 주체적 의식의 학學을 함의하고 있다.

지금 다시 파토스 지식(→ 38. 임상 지식)의 필요성과 중요성이 인식되고 있다는 것을 생각하면, 늘 그렇지만 미키 기요시의 뛰어난 착안에 감탄하게 된다. 그렇다면 미키 기요시는 파토스나 파톨로기를 어떤 목적에서 말한 것일까. 그것을 간단히 정리하면 다음과 같다.

　　요컨대 전통적인 철학에서는 윤리적이라는 말과 이성적이라는 말이 동일시되었다. 이성에 따라 여러 가지 격정(파토스)을 제어하는 것이 윤리적이라고 여겨졌다. 윤리는 로고스를 말했고 파토스는 윤리에 반한 것이라고 생각되었다. 이런 관점은 전도되어야만 한다. 로고스란 의식의 객체적인 면이고, 그러는 한 주체성 자체인 윤리를 로고스와 결부시킬 수는 없다. 주체적인 의식은 로고스와 상반되는 파토스다.

　　그러나 지금도 인간을 일면적으로 파토스적 의식에 의해, 즉 파톨로기적으로 파악한다면 어떻게 될까. 로고스적 의식은 감성, 지각에서부터 사유에 이르기까지 모든 대상을 포함하고 있다. 그것은 높아질수록 한층 많은 대상을 포함하고, 객관성을 한층 더하게 된다. 이에 반해 파토스적 의식은 깊어질수록 대상을 잃고 무대상無對象이 되어간다. 운명의 의식이며 원죄의 의식이라는 것도 근본에서는 모두 이런 대상 없는 파토스다. 그러나 거기서 파악된 주체적 사실은 존재의 근거를 포함하기 때문에 객관적 현실보다 한층 리얼하기까지 하다. 파토스적, 주체적 의식을 파톨로기라고 하고 로고스적, 객체적 지식을 이데올로기라고 한다면, 인간을 파톨로기적 또는 이데올로기적으로 파악하지 않으면 그 완전한 현상성現象性에서는 파악할 수 없다(「오늘날의 윤리 문제와 문학」, 1933).

이 당시 미키 기요시가 파토스와 파톨로기를 강조한 것은 문학의 문제를 이데올로기 문제로 논하는 것이 유행이 된 가운데 문학에서의 주체적인 것, 파토스적인 것의 무시를 바로잡으려고 했기 때문이다. 확실히 그것은 정당하고 귀중한 주장이었다. 하지만 미키 기요시의 경우 거기서 이데올로기와 파톨로기의 변증법적 종합이라는 형태로 문제 해결을 찾았기 때문에 오히려 구두선에 그치고 말았다. 변증법에는 — 다른 항목에서 말하는 것처럼 — 단지 그것을 주창하기만 하면 해결이 된 것처럼 착각을 하게 하는 경향이 있다.

또한 여기서 '이데올로기'에 대해 새삼 다시 파악해두자면, 이는 원래 18세기 프랑스의 이데올로지스트ideologist들(데스튀트 드 트라시Destutt de Tracy, 콩디야크Étienne Bonnot de Condillac, 카바니스Pierre Jean Georges Cabanis)이 감각론의 입장에서 주창한, 인간의 여러 관념이 형성되는 과정을 밝히는 관념학(이데올로지idèologie)이었는데, 나중에 마르크스주의에서 사회적, 경제적으로 규정된 사람들의 관념 형태(종교, 철학, 정치적 견해 등)를 가리키게 되었다.

이 사고에 따르면 "의식이 존재를 결정하는 것이 아니라 존재가 의식을 결정한다"가 되는데, 그런 의식(관념 형태)은 본인에게는 보통 자각되지 않는다. 그런데도 그것은 객체적 의식이고 로고스적 의식이다. 그러므로 과학을 표방하는 마르크스주의에서 이데올로기는 사회적인 이해관계에 뿌리내린 의식이고, 동시에 현실 조건의 과학적 인식으로 통하는 계기로 간주되고 있는 것이다.

그런데 파토스의 그리스어 원뜻을 보면 그것은 미키 기요시가 언급한 정열, 격정보다 더 넓은 의미를 지니고 있다. 그리스어 파토스는 일반적으로 다른 데서 작용을 받는 것, 즉 수동적인 것인데, 그것은 좁은 의미에서의 수동태를 나타낼 뿐 아니라 작용에 의해 사물에 생긴 한정, 사물의 속성(성질), 양태(양상)까지도 포함하고 있다. 아리스토텔레스(『형이상학』 제5권)의 정리에 따르면, 파토스가 가지는 다양한 의미는 다음의 네 가지로 대별된다고 한다.

1. 흼, 달콤함, 무게 등 그것이 더해짐으로써 사물이 변화하는 사물의 성질.
2. 그런 성질의 현실태.
3. 특히 그것을 받는 것에 해를 입히는 다양한 변화나 움직임. 여기서 고뇌라는 의미가 생긴다. (정열이나 격정은 여

기에 속하는 것이다.)

4. 더욱 변하여 큰 불행이나 심한 고통을 수반하는 고난, 수난.

이 정리에 따라 말하자면 네 번째 의미에서 영웅(극적 행동인)의 패배, 굴욕이 비극적 파토스가 되는 것과 동시에 예수 그리스도의 고난, 수난의 생애도 '패션passion'이라 불리는 것이 된다.

그런데 아리스토텔레스에서, 앞에서처럼 넓은 의미를 가졌던 파토스가─미키 기요시처럼─인간의 정열이나 격정이라는 의미로 인식된 최초의 계기는 데카르트의 『정념론』에 있었다. (정념은 정열이나 열정과 같은 의미의 파토스나 패션의 번역어이고 일본어로서 한층 술어화된 것이다.) 즉 데카르트에서 정념passion은 무엇보다 신체의 마음에 대한 작용, 즉 전자의 능동action에 기초하는 후자의 수동passion으로 파악되었다. 좀 더 말하자면 신체에서 기인하는 마음의 맹동盲動이라는 말이다.

물론 이런 사고의 배경에 있는 것은 마음(또는 정신)과 신체의 이원론이고, 이 이원론의 효용은 사고하는 것을 본질로 하는 정신과 세로·가로·높이로 확대되는 물체＝신체를 실체적으로 구별함으로써 한편으로는 인간 정신의 주체성과 자유가 보증되고 다른 한편으로는 물체＝신체의 과학적 대상화로 파악이 가능해지는 데에 있었다. 그리고 이 인간 정신의 주체성과 자유를 확보하는 관점에서 데카르트에서는 이성이나 의지에 의한 정념의 통제 또는 지배가 지향되었던 것이다.

또한 현재 일반적으로, 특히 심리학에서 '정념'은 '정동emotion'이나 '감정sentiment'과 함께 감수태感受態에 속한다고 여겨지고, 그것들은 다음과 같이 서로 관련되어 있다. 먼저 '정동'이란 신체적인 것에까지 영향을 미치는 강한 감수적 상태를 드러내는 것으로 여겨지고, 그에 비해 '정념'은 정동이 더욱 강해지고 영속화되어 우리 삶의 자연스러운 흐름이 막혀 고뇌에 노출되어 있는 상태라고 생각된다. 그리고 그것에 비해 '감정'은 통제된 정동이 발전한 것이고 또 극복되고 자각된 정념이라고 생각된다.

파토스 문제는 과학적 심리학이 놓친 문제로서 이제야 정당하고도 본격적으로 이해되려 하고 있다.

31. 퍼포먼스

콘퍼텐스 / 파토스적 행동 / 연극적 지식

지금은 '퍼포먼스'의 의미를 적극적으로 주장하게 되었지만, 사실 나는 오랫동안 퍼포먼스라는 말에 아무래도 미심쩍음을 느껴 친숙해질 수가 없었다. 어쩐지 그 말에서 맨 먼저 떠오르는 것은 예술가들의 자기 현시적인 표현demonstration이었기 때문인 듯하다. 예술 표현으로서의 퍼포먼스가 작품의 줄거리나 의미 등 기존에 약속된 것을 헛되이 망치는 것만을 목적으로 한 것처럼 생각되었기 때문이다.

예술 표현으로서의 퍼포먼스가 그 정도로만 이해되었을 때, 한편으로 노엄 촘스키Noam Chomsky의 언어 이론 중에서 컴퍼턴스competence, 언어능력과 쌍이 되어 퍼포먼스(언어 운용)라는 것이 나온 것을 알고 더욱 곤혹스러웠다. 촘스키가 말하는 '컴퍼턴스'가─한마디로 말해서─개개인 안에 내면화된 언어 체계를 말하고, 그에 비해 '퍼포먼스'가 그것을 이용한 개개인의 발화 행위라는 것은 이해할 수 있어도 예술 표현으로서의 퍼포먼스와 촘스키가 말하는 퍼포먼스가 어디서 어떻게 근본적으로 통해 적극적인 의미를 갖게 되는지 거의 짐작도 할 수 없었던 것이다.

그런 석연치 않은 상태가 내 안에서 상당히 오랫동안 이어졌다. 어쩔 수 없이 그건 그렇다 치는 셈으로 내버려두었더니 뒤엉킨 문제를 푸는 실마리가 의외의 곳에서 나타났다. 왜냐하면 내게 오래전부터의 현안이었던 연극에서의 행동, 즉 파토스적 행동의 양상을 계속 생각해온 끝에 추상적인 단순한 행동＝능동action과 구별된 의미에서의 극적인 행동, 자타의 상호작용을 포함한 행동을 퍼포먼스로 파악하게 되었기 때문이다.

극적 행동과 단순한 행동의 차이에 대해서는, 연극에서의 행동을 파고들어 생각하려고 할 때 누구나 봉착하는 문제다. 다케우치 도시하루竹內敏晴(『드라마로서의 수업』, 1983)도 「드라마와 액션」이라는 에세이에서 이렇게 썼다. "내가 20년 넘게 연극을 해오며 가장 골똘히 생각하고 고민한 것은 한마디로 액션이라는 문제다. 액션, 평범하게 번역하여 행동이라는 것은 드라마의 실질을 이루는 것인데(드라마라는 말은 원래 그리스어의 드람dram, 즉 행한다는 말에서 나온 것이다), 유럽적인 의미에서 말하자면 어떤 주인공이 행동을 하고 다양한 장애물에 부딪히며 그 행동을 관철하거나 결국 파멸하는 과정이 드라마다. 그런데 일본에서는 그런 의미의 본격적인 드라마가 좀처럼 성립하지 않는다. 그것은 왜일까. 어떻게 하면 성립할 수 있을까."

나도 예진에 지신에게 같은 질문을 던지고 거기에서부터 생각했기 때문에 다케우치의 말에 공감을 하고 동시에 그가 어떻게 그 문제의 답을 내는지 적잖은 관심을 가졌다. 그런데 다케우치가 낸 답은 대체로 다음과 같이 정리된다. 유럽 드라마의 한 가지 원형이 되는 것으로 소포클레스의 『안티고네』가 있는데, 이는 국법에 저촉되어 죽임을 당할 각오를 하고 믿는 것을 관철하기 위해 과감히 행동하여 죽어가는 공주를 주인공으로 하는 비극이다. 그런데 일본의 대표적인 비극이라고 하면, 예컨대 지카마쓰 몬자에몬近松門左衛門의 『아미지마에서 일어난 동반자살心中天網島』이 그런 것처럼 주인공이 점차 어찌할 도리가 없는 처지에 몰려 끝내 스스로 죽음을 택하는 식으로 주인공의 심적 갈등이 드라마의 실질을 이루고 있다. 그것은 일본 배우의 연기 양상에도 드러난다. 역할을 연기하는 방식이 심리적으로 내부를 향하는 일이 많고 진실한 '액션' 즉 '주체적인 행위를 실현하는 과정'으로 연기되지 않는 것이다. 그러므로 여기서 필요한 것은 플레이(놀이, 즐기는 것) 정신을 포함하며 신체를 느긋하게 살려 진정한 '액션'을 수립하는 것이라고 한다.

즉 다케우치는 극적 행동을 '주체적인 행위를 실현하는 과정'으로 생각하고, 그것을 '액션'이라 부르고 있다. 그리고 그 '액션'은—다른 데서 말하는 것처럼—'사람과 사람의 접촉'도 포함하는 것으로 파악하기 때문에 내 용어법으로 말하자면 액션보다는 오히려 그것과 대립시켜 파악한 '퍼포먼스'에 가깝다. 그렇다면 다케우치와 나 사이에 왜 이런 엇갈림이 생긴 것일까. 내가 보기에 그것은 다케우치의 경우—적어도 이론적인 차원에서는—극적 행동에서 파토스(고난, 수동)의 측면이 충분히 고려되지 않았기 때문이라고 생각한다.

반대로 내 경우는 행동(액션)에 대해서도 파토스(패션, 정념)에 대해서도 무엇보다 데카르트의 '정념론'에서 출발하고 그것을 비판적으로 극복하려고 하기 때문에, 또한 『안티고네』 같은 유럽의 전형적인 드라마만이 아니라 『아미지마에서 일어난 동반자살』 같은 일본의 대표적인 비극에서도 공통되는 극적 행동의 양상을 찾아내려고 하기 때문에 극적 행동을 파토스적 행동으로 파악한 것이다. 즉 데카르트의 『정념론』에서는 패션(정념, 파토스)은 액션(능동)에 대립하는 것, 오로지 수동적인 의미로만 파악되었다. 그리고 극적 행동은 『안티고네』 주인공의 경우조차 그런 단순한 능동으로서의 액션이 아니다. 그러므로 극적 행동은 고난을 띤—다른 것의 작용을 받은 상호 작용 속에서의—'파토스적 행동'이어야 하는 것이다.

고난적이라든가 파토스적이라는 것은 수동적이라는 의미도 있기 때문에 좀처럼 능동적인 행동과 결부시키기가 힘들다. 형식적으로 결부시키면 수동적 능동이라는 것이 될 수도 있을 것이다. 그러니 파토스적이란 신체성을 띤 것일 수밖에 없고, 따라서 그것은 행위에서의 상호성만이 아니라 신체성의 주목과도 결부되는 것이다. 그리하여 나의 경우, 파토스적 행동은 더더욱 퍼포먼스라고 바꿔 말하게 되었다. 그리고 퍼포먼스가 극적 행동으로서 독자적인 적극적 의미를 가질 수 있다는 것에 생각이 미친 것은 특별히 퍼포먼스적이라고 해야 할 발리섬의 문화를 접했기 때문이다.

하지만 처음에 발리섬 문화를 접했을 때 내게는 그것이 빈약하고 변변치 못한 것으로 여겨졌다. 그러나 잠시 후 그것은 내가 아직 객관적으로 냉담하게 대상화해서 봤기 때문이라는 것을 깨달았다. 즉 주거든 춤이든 음악이든 요소는 대체로 단순하지만 그곳에 살고 그것을 행하는 사람들의 행동＝퍼포먼스를 보면 사실 복잡하고 풍부한 것이다. 그리고 그 단순한 요소의 자유로운 조합에 의해 무한하게 만들어지는 퍼포먼스의 풍부함은 바로 기술적 생산의 양적 프로덕션의 풍부함이 아니라 예술적 창조, 크리에이션의 풍부함이라고 할 수 있다. 또한 그 퍼포먼스의 풍부함은 당연히 어떤 장면에도 대응할 수 있는 통제된 즉흥성도 포함하고 있는 것이다.

또한 나는 파토스적 행동을 퍼포먼스로 파악함으로써 과학 지식을 대신하는 새로운 선택지로서 '연극적 지식'을 제안할 수 있었다(졸저 『언어·인간·드라마』, 1981). 이는 코스몰로지, 심벌리즘 및 퍼포먼스를 주요 구성 원리로 하는 것으로 보편주의, 분석성, 객관주의로 구성되는 근대과학의 기계론 모델에 대한 연극 모델에 기초한 지식이다. 그리고 이 연극적 지식은 '파토스 지식'이라고도, '임상 지식'이라고도 바꿔 말할 수 있다(→ 38. 임상 지식).

32. 패러다임

이론의존성 / 공약불가능성 / 학문 모형

'패러다임'은 현재 지식의 틀이나 사고의 규범이라는 의미로 널리 사용되고 있다. 원래 그리스어 이후로 틀이나 모델이라는 의미를 갖고 있던 말이며 언어학에서는 격변화표나 통합관계syntagm의 상대개념인 계열관계paradigm를 나타내는 것으로 사용되었다. 계열관계는 특히 소쉬르적 언어학의 용어로, 예컨대 "왕은 벌거숭이다"라는 문장에서 주어인 왕이나 술어인 벌거숭이다 대신에 사용할 수 있는 말, 그것들과 연상으로 결부되는 말(왕에 대해서는 공주나 신하 등등) 사이의 관계나 그것으로 구성되는 체계를 가리킨다.

이런 것이었던 패러다임paradigm이 토마스 쿤에 의해 과학사·과학론의 영역에서 새롭게 사용된 이래 순식간에 특별한 의미를 담아 여러 영역에서 폭넓게 사용되었다. 예컨대 사회학자 에드가 모랭Edgar Morin 같은 사람은 재빨리 이 술어를 자신의 책 제목으로 썼다(『잃어버린 패러다임 ― 인간의 자연성』, 1970). 이는 충분히 성공한 책은 아니지만 착안은 꽤 좋다. 그에 따르면 인간 본성human nature은 인간과 동물, 문화와 자연을 분리하고 대립시킨 패러다임이었다. 그것을 잃어버린 지금 필요한 것은 문화 개념으로서의 인간 본성을 대신하여 인간＝자연의 입장에서 새로운 자연주의를 내세워 지식의 적극적인 통합을 꾀하는 일이다.

하지만 토마스 쿤을 중심으로 패러다임에 대해 좀 더 파고들어 생각하려고 하면 에두른 길이라도 이 술어가 과학론에 요청되기에 이른 경위를 봐두는 것이 좋을 것이다.

오랫동안 우리는 일반적으로 과학 지식이야말로 인간의 문화적 영위에서 더할 나위 없이 객관적이고 보편적인 것이며 또한 확실하게 진보하는 유일한 것이라고 간주해왔다. 과학 지식에 대한 그러한 신뢰와 기대에 의해 인문·사회의 여러 학문에서도 자연과학을 본받아 과학화하는 노력을 하게 되었다.

하지만 과학 지식을 그렇게 파악하는 것은 과학을 절대화하여 신화를 낳게 할 것이다. 그리고 그 새로운 신화에는 여러 가지 측면이 있다. 그 현저한 것 중 하나는 루트비히 볼츠만Ludwig Boltzmann이 말하는 '나체 편애nudity predilection' 즉 벌거벗은 데이터에 대한 특별한 애호다. 과학 이론상의 귀납주의나 검증주의가 근거로 삼고 있는 것은 바로 사실 = 데이터의 객관성인 것이다.

귀납주의의 입장에 섰을 때 더욱 많은 데이터에서 귀납된 법칙이나 이론은 그만큼 확실성이 강해지고 진리에 가까운 것으로 생각된다. 과학이 역사와 함께 무한히 진리에 다가간다는 사고도 거기에서 나온다. 그런데 무라카미 요이치로村上陽一郎(『역사로서의 과학』, 1983)도 지적한 것처럼, 과학상의 발견 양상을 보면 검증주의를 포함한 귀납주의에 의해서는 아무래도 제대로 설명되지 않는 사항이 이것저것 나온다. 예컨대 과학사에서 혁명적인 이론의 변화가 일어날 때 중요하고 결정적인 새 데이터를 전혀 필요로 하지 않는 일이 있다. 또한, 그렇게 중요하고 결정적인 발견이 종종 여러 사람들에 의해 별개로 거의 동시에 일어났다는 사실이 있다.

이러한 사태에 직면해서 그것을 극복하기 위해 끄집어낸 것이 이론의존성(노우드 러셀 핸슨Norwood Russell Hanson) 사고로, 이것에 따르면 순수한 데이터 같은 것은 없고 오로지 어떤 이론적 해석이 가해진 사실만 있다는 것이다. 이러한 사고를 받아들일 때 과학 이론의 대전환을 초래하는 것은 갖가지 데이터의 재편이라는 이야기가 된다. 또한 과학사에서 흔히 일어나는 동시 발견이라는 사실도 동시대에 일어나는, 전문가들이 사물을 사고하는 방식의 공통성에서 기인한다는 것이다.

하지만 문제는 그것만으로 정리되지 않는다. 혁명적으로 보이는 과학 이론의 대전환도 그 이전에 누적된 이론에 기초한 것이 아닐까 하는 물음이 나오기 때문이다. 예컨대 양자역학이나 상대성이론은 뉴턴 역학에 대한 획기적인 혁신이었다고 해도 그것은 후자의 연장 위에서 나온 것이고, 전자는 후자를 그 일부의 특수 사례로서 갖고 있었던 것이 아닐까. 이러한 물음에 대해서도 이론의존성의 사고를 밀고 나갈 때 아니라고 말하지 않을 수 없는 것이다.

왜냐하면 그런 새로운 이론과 옛날 이론 사이에는 공약불가능성(파울 파이어아벤트Paul Karl Feyerabend)이라는 문제가 있기 때문이다. 공약불가능성이란 옛날 이론 자체와 새로운 이론의 일부로서의 옛날 이론은 전혀 다른 것, 같은 규준으로 잴 수 없는 것이라는 점이다. 이 경우 데이터만이 아니라 그것을 기술하는 개념까지도 이론 의존적으로 새로운 의미를 띠게 된다.

참으로 토마스 쿤이라는 이름과 함께 알려지게 된 과학 이론의 역사에서 패러다임 전환이라는 것은 이런 신구 양 이론 사이의 단절 또는 오히려 비연속의 연속의 설명 원리로서 나온 것이다. 그리하여 토마스 쿤은 그 패러다임론을 『과학혁명의 구조』(1962)에서 전개하게 된다. (또한 여기서 흥미로운 것은 이 책이 나온 전해에 푸코의 『광기의 역사』가 나왔고, 『광기의 역사』에서는 나중에 『지식의 고고학』에서 이론화되는 '비연속의 연속'이라는 역사관이 실천된다.)

그렇다면 토마스 쿤은 '패러다임'이라는 말을 어떤 형태로 썼을까. 이를테면 이런 식이다.

"나는 실제 과학이 하는 일의 모범이 되는 예─법칙, 이론, 응용, 장치를 포함한─가 있고, 그것이 일련의 과학 연구의 전통을 만드는 모델이 되는 것을 이 말로 나타내려고 생각했다."

"학생은 패러다임을 배워 장래에 들어가려는 특정한 과학자 집단의 멤버가 될 준비를 한다. (……) 공통의 패러다임에 기초한 연구에 종사하는 사람들은 과학의 작업에 대한 같은 규칙, 같은 규준을 취하고 있다."

토마스 쿤이 제기한 패러다임론은 과학사·과학론의 영역에서 큰 영향을 끼치고 공감대를 형성한 반면 그 패러다임 개념의 모호함을 비판하는 사람들도 많아 논의가 비등했다. 그 때문에 쿤 자신이 「보론─1969년」을 써서 의문과 반문에 답했다. 거기서 그는 한편으로 패러다임 개념을 "어떤 집단의 성장에 의해 공통으로 갖는 신념, 가치, 테크닉 등의 전체적인 구성"이라는 의미를 약화시키는 동시에 다른 한편으로 패러다임을 학문 모형disciplinary이라는 말로 바꿔놓고 패러다임 개념의 엄밀화를 꾀한다.

그러나 나카야마 시게루中山茂(「옮긴이 후기」, 『과학혁명의 구조』, 1971)도 말한 것처럼, 원래 패러다임은 쿤이 현실 과학 연구상의 경험에서 여러 가지 의미를 담아 제기한 술어라고 보면 거의 일상용어가 가지는 모호함＝다의성을 갖고 있는 것은 당연하다. 따라서 그것을 굳이 하나의 뜻으로 만드는 것은 근대 과학 지식에 사로잡힌 사고라고 해야 할 것이다.『과학혁명의 구조』를 분석적으로 보면 패러다임이라는 말이 스물두 가지 방식으로 사용되었다고 하는데, 그것들의 의미로 구성되는 총체로서 패러다임을 파악한다면 그것은 다의적이기는 해도 그저 모호하다는 이야기가 되지는 않을 것이다.

33. 프락시스

퀄리티 / 퍼포먼스 / 동적 감각

퍼포먼스를 어원으로 보면 뭘 알 수 있을까.『옥스퍼드 대사전』을 보면 동사형 퍼폼perform의 어원으로 1. 'par+former'에서 유래하는 "마땅한 형태로 이룩하다"라는 의미와 2. 'par+fournir'에서 유래하는 "완전히 해내다"라는 의미가 나온다. 그런데 월터 윌리엄 스키트Walter William Skeat의『영어 어원사전』에 따르면 'par+fournir'에서 유래하는 후자의 의미가 정당한 것이라며 이렇게 말한다. 중세 영어에서는 'perfourmen'이 되어 얼핏 'form'과 결부된 것처럼 보이지만 그것은 겉보기에만 그렇다는 것이다. 따라서 퍼포먼스는 '형태를 실현하는 것'으로 파악하기 보다는 '완전히 해내는 것' 즉 '많은 국면을 가진 전체 과정을 끝까지 해내는 것'이라는 의미로 파악하는 것이 어원에 맞는다는 것이다.

사실 퍼포먼스라는 말이 사용되는 방식을 보면 모두 후자의 의미다. 다만 그중에서 1. 성취, 달성, 성적 등의 수행에 관한 면이 강조되어 표면에 드러나는 경우와 2. 음악의 연주나 연극의 연기 외에 몸으로 하는 신체 행위의 면이 강조되어 표면에 드러나는 경우가 있다.

그런데 퍼포먼스라는 말의 두 가지 사용 방식 중 첫째는 탤컷 파슨스Talcott Parsons와 에드워드 실스Edward Shils의 『행위의 일반 이론을 향하여Toward a General Theory of Action』(1951)에서는 퀄리티(소질, 능력)와의 대비로 타인에 대한 평가의 기준으로 나타난다. 즉 타인에 대한 평가의 근거를 그 사람의 '퀄리티quality' 전체에서 구할까, 아니면 그 사람의 '퍼포먼스' 전체에서 구할까 하는 기준이다. 그리고 퀄리티(소질, 능력)의 입장을 취한다는 것은, 타인이 실제로 무엇을 하는가 하는 것은 나중 문제이고 타인의 속성에만 주목하는 일이다. 한편 퍼포먼스(달성, 성적)의 입장을 취한다는 것은 타인의 속성에는 눈길을 주지 않고 무엇을 하는가, 라는 점만 주목하는 일이다.

이렇게 보면 다른 항목(31. 퍼포먼스)에서 언급한 노엄 촘스키의 언어 이론에서의 컴퍼턴스(언어능력)와 퍼포먼스(언어운용)라는 한 쌍의 개념이 한편으로 소쉬르의 랑그(언어 체계)와 파롤(발화)의 개념을 계승하며 동시에 다른 한편으로 확실히 파슨스와 실스의 퀄리티(소질, 능력)와 퍼포먼스(달성, 성적)의 개념을 계승한다는 것을 알 수 있다. 다시 말해 촘스키에 따르면 컴퍼턴스(언어능력)란 화자가 어떤 국어를 구사하는 것에서 얻어지는 다양한 가능성 전체를 말하고, 그에 비해 퍼포먼스(언어 운용)란 개개의 구체적인 경우에 화자가 실제로 하는 언어 사용을 말한다.

한편 퍼포먼스라는 말의 신체 행위라는 의미의 측면은 통상의 연주나 연기를 넘어 악보 없는 연주, 대본 없는 연기라는 즉흥성의 좋은 것을 나타내기도 했다. 거기에서 퍼포먼스(신체 행위)가 예술 표현에서 장르의 울타리를 넘어 과격한 행동력을 가진 것이 되기도 한 것이다. 로슬리 골드버그Roselee Gold-berg(『퍼포먼스─미래파에서 현재까지』, 1979)도 1910년대의 선구적인 미래파에 의한 과격한 퍼포먼스를 언급하고 있다.

"「우리에게 몸짓은 이제 세계 역본설dynamism의 '고정된 한 순간'이 아니다. 분명히 그것은 영구히 계속되는 '동적인 감각'인 것이다」라고 그들은 단언한다. '활동'이나 '변화'나 '환경에서 그 구성 요소를 발견하는' 예술 등이라는 어느 것이나 확실하지 않은 주장을 이용하며 미래주의 화가들은 그들의 사고에 관객의 관심을 향하게 하는 가장 직접적인 수단으로서 퍼포먼스를 강조했다." 또한 "퍼포먼스는 대중의 자기만족을 박살내는 가장 확실한 수단이었다. 그것은 미술가를, 미술가에 의한 연극이라는 새로운 형식으로 발전시키는 '창조자'로 만드는 것과 동시에 시인이나 화가 또는 퍼포머라는 구별을 일소한 '예술 작품'으로 만드는 일의 보증을 미술가에게 주는 일이었다".

그러나 또 골드버그도 말한 것처럼 예술가들은 단지 보헤미안풍의 기행과 자유분방한 삶을 두드러지게 하는 수단으로서 퍼포먼스를 이용한 것은 아니었다. 그게 아니라 "작품 제작의 기초가 되는 다양한 형식적 또는 개념상의 발상을 활성화하는 방법으로서 퍼포먼스가 생각되었던 것이다. 살아 있는 몸짓은 늘 기성 예술의 고정화에 대항하기 위한 무기로서 사용되어 왔"던 것이다.

골드버그의 도움을 받아 얼핏 엉망진창으로 보이는 파괴적이고 도발적인 퍼포먼스가 가진 의미를 나도 납득할 수 있게 되었다. 그렇게 되자 마음에 걸리는 것은 내가 파악하는 방법에서 볼 때 퍼포먼스와 지금까지 철학에서 말해온 실천, 즉 프락시스praxis가 어떻게 관련되는가 하는 점이다.

실천praxis은 원래 아리스토텔레스의 테오리아(theoria ; 관상, 이론), 포이에시스(poiesis ; 제작), 프락시스(실천)라는 세 분류에 기인한 것으로, 거기서는 실천에 대한 이론적 인식의 우위를 주장했다. 이론과 실천의 이러한 가치의 상하관계를 역전하는 것과 동시에 그러한 실천의 우위 아래 이론과 실천의 통합을 분명히 주장한 것은 말할 것도 없이 마르크스주의다.

다시 말해 거기서 프락시스는 사회적 실천으로 다시 파악되어 그러한 것으로서의 감성적 실천 = 감성적 인식이 이론적 인식의 기초로 여겨졌다. 그와 동시에 이론과 실천의 변증법적 통일이 한층 고차적인 인식을 초래하는 것으로 생각되었다. 그리고 여기서 구체적인 인간 활동이란 사회적 실천(프락시스)이고 인간이란 '사회관계의 총화'가 된다.

이처럼 마르크스주의의 프락시스를 다시 파악해보면―퍼포먼스와의 관계에서―다음의 두 가지를 알게 된다. 하나는 그것이 감성적 실천 = 감성적 인식에 주목함으로써 실천이 인식이 되고 인식이 실천이 되는 계기를 포착하여 이론과 인식의 전통적인 분열을 넘어설 단서를 발견하는 것이다. 개개의 실천 속에서 현실의 전체성이 개시된다는 것에 대한 착안이 있었다고 해도 좋다. 하지만 또 하나는 그것이 이론과 실천의 통일을―변증법의 도입에 의해―한꺼번에 사회관계 전체에 대해 행하려고 한다는 것이다. 거기에 위기의 이론으로서의 성격 및 변증법에 대한 과신이 있고, 생활 세계에서의 간신체성 間身体性(→11. 공동주관) 차원이 건너뛰어지게 된 것이라고 여겨진다.

사르트르(『변증법적 이성 비판』, 1960)가 프락시스를 다시 파악할 때 욕구를 중심에 두고 그것에 촉발된 것으로서 개인적 실천에서 공동적 실천에 이르는 전체화를 생각한 것은 그 공백

부분을 메우려고 했기 때문이다. 유기적 신체가 타성화된 것을 이겨내고 행하는 전체화 운동이 기투企投이고 실천이라고도 사르트르는 말한다. 다만 그의 경우도 모두 그 이론은 결국 능동＝액션을 축으로 전개되기 때문에 수동성이나 수동은 아무래도 타성 측으로 내밀려 소극적인 개념이 되는 것이다.

34. 분열병

우울증 / 안테 페스툼과 포스 페스툼 / 안티 오이디푸스

프로이트와 융의 왕복 서한에는 다소 생각할 거리가 있다. 융이 자신의 환자인 분열병자로부터 얻은 지식을 기초로 편지를 써서 보내자 프로이트는 자신의 히스테리 환자에게 적용해 생각해보니 알 수가 없다. 또한 프로이트가 융에게 보낸 편지의 경우에도 같은 일이 일어난다. 이렇게 편지를 주고받는데 두 사람 사이에 이야기가 제대로 맞물리지 않는다. 둘 다 도중에 그것을 깨닫고 개선해보려고 하지만 여전히 같은 일이 이어진다. 그리고 그것은 기질적으로 융이 분열병에, 프로이트가 신경증에 각각 강한 친근감을 갖고 있었기 때문일 거라고 한다.

이 이야기를 읽고 떠오른 것으로 "게는 등딱지처럼 보이게 구멍을 판다"는 속담이 있는데, 자신의 기질에 맞는 것 이외에

는 관심의 대상도 되지 않을 뿐 아니라 이해하려고도 하지 않는다는 것이 정신의학의 영역에서도 확실히 보였기 때문이다. 아니, 프로이트나 융, 또는 정신의학을 넘어 여러 학문 분야에 대해서도 같은 말을 적용할 수 있기 때문이다.

게다가 프로이트가 신경증에, 융이 분열병에 기질적으로 친근감을 갖고 있었다는 사실은 동일한 정신의학의 흐름 속에서 이 두 사람의 지식의 형태에 결정적인 차이가 숨어 있었던 것과 확실하게 부합되어 무척 시사적이다. 프로이트는 신경증에 대한 친근감과 결부된 집착 기질을 갖고 있기도 해서 그 정신의학＝정신분석에서 물리학을 모델로 한 근대과학의 패러다임을 가능한 한 지키려고 했다. "프로이트는 계몽기 합리주의의 마지막 위대한 대표자다"라는 에리히 프롬Erich Fromm의 말도 있다. 그에 비해 융은 분열병에 대한 친근감과 결부된, 무의식의 더욱 심층을 중시했기 때문에 그 정신의학＝분석심리학에서 근대과학이 무시하고 버려온 인간의 지혜를 유럽 내외에서 찾아내려고 했기 때문이다.

그런데 정신질환으로서의 '분열병'은 '우울증', 즉 멜랑콜리와 함께 내인성 정신질환으로 분류된다. 내인성이라는 것은 체인성體因性 및 심인성心因性에 대비되는 것으로, 원인이 더욱 깊은 데서 나오는 것을 의미한다. 그리고 분열병은 그런 것으로서 우울증과 함께 현대 정신의학의 최대 관심사가 되었고, 그

해명에 최대한의 노력이 기울여지고 있다. 분열병이 정신의학을 성가시게 하는 것은 증상 또는 징후가 나타나는 방식이 다른 많은 정신질환과 다르기 때문이다. 다시 말해 분열병의 증상으로서 환상, 망상, 사고 장애, 감정이나 의지의 둔마鈍痲, 자폐적 상태가 있어도 그것들은 분열병을 보여주는 지표가 될 수는 없다.

분열병의 특이한 증상은 거기에 나타나는 것보다 인격적·인간적 기초 장애에 의해 파악될 필요가 있다. 그러한 기초 장애를 민코프스키는 '현실과의 생명적 접촉' 안에서, 또한 루트비히 빈스방거Ludwig Binswanger는 '자연스러운 경험의 일관성 해체' 안에서 봤다. 똑같은 관점을 한층 밀고나간 볼프강 블랑켄부르크Wolfgang Blankenburg(『자명성의 상실』, 1971)는 '자연의 자명성 상실'로, 즉 '코먼센스의 병리'로 파악한다. 게다가 기무라 빈(『분열병의 현상학』, 1975)은 그것을 다시 '자기 개별화의 위기'로 파악한다. 그리고 이 자기 개별화란 "자기가 스스로의 '몫'으로서의 '자신'을 다른 것과 구별하여 세운다"는 것이며 그것을 성립시키는 것이 자연스럽고 명백한 '사이間', 즉 사람과 사람의 사이인 것이다.

분열병은 자신의 부분이 아니라 전체, 또한 타자와의 관계와 강하게 관련된 이상, 그 특이성이 현저하게 나타나는 것은 자기의 근본적인 존재 양식인 시간의 양상이다. 기무라 빈(『자기·사이·시간』, 1981)이 밝힌 것처럼 멜랑콜리(우울증) 환자에게는 돌이킬 수 없다는 것이 걱정되고 그 체험은 이미 때늦어 회복 불가능한 '사후약방문', 즉 '포스트 페스툼post-festum'이라는 시간 형태를 취한다. 그에 비해 분열병자는 운명에 대한 예감에 민감하기 때문에 그 체험은 미래의 선취를 안달하는 앞질러 가는 것으로 대표되는 '전야제'적인, 즉 '안테 페스툼ante festum'의 시간 형태를 취한다고 할 수 있다.

인간이 살아가는 이러한 시간 형태는 단지 정신병자에게만 보이는 것이 아니다. 그것은 수렵민, 농경 사회, 근대사회라는 인류사적인 규모에서도 보이지 않을까. 그 점에 대해서는 여기에 나카이 히사오中井久夫(『분열병과 인류』, 1982)의 장대한, 그러나 뛰어난 가설이 있다. 즉, 나카이는 이렇게 말한다. 분열병이 될 가능성은 전인류가 갖고 있지만 특히 분열병이 되기 쉬운 자를 '분열병 친화자親和者', 즉 S 친화자라고 한다면 이 S 친화자는 사물의 희미한 징후도 강렬하게 느끼고 모든 것에 대해 선취적 자세가 두드러진다. 거기서 보이는 것은 수렵민적 인지 특성, 세계에 대한 친절한 무관심이고 소유도 없을 뿐 아니라 저장되는 것도 없다. 그러나 다음으로 농경 사회로 들어서면 인류는 사물을 계량하고 측량하고 배분하고 저장하게 된다. 그리고 거기서 보이는 인간상은 '강박증 친화자'다. 왜냐하면 이 경우 완벽 추구가 강요되기 때문이다.

그런데 프로테스탄티즘의 윤리가 보여주는 것처럼, 근대사회에서는 집착 기질의 강박증 친화자(멜랑콜리 친화자)가 자본주의를 낳고 기술 혁신을 재촉했다. 하지만 그러한 가운데 끊임없이 새로운 문제를 설정하는 것은 분열병 친화자이고, 그 징후 공간을 중시하는 태도다. 그들은 사회와 타협하는 것이 어렵다고는 하지만 "아마도 인류에게는 S 친화자가 인류의 상당한 다수를 차지할 필요가 있을 것이다".

분열병이 프로이트의 시야, 혹은 관심 문제에 들기 힘들었던 사실에 대해서는 처음에 말했지만, 그 사실은 분열병이 프로이트 이론을 근저에서 위협하는 것일 수 있다는 것을 의미한다. 그것을 잘 보여주는 것은, 프로이트 이론의 핵심을 이루는 오이디푸스 상황, 즉 아버지와 어머니와 자식(특히 아들)이라는 근대 가족의 도식이 분열병의 문제를 생각함으로써 질문되지 않을 수 없다는 점이다.

들뢰즈 · 가타리(『자본주의와 정신분열증 ─ I , 안티 오이디푸스』, 1972)가 문제로 삼은 것은 바로 그 점이었다. 즉, 그들은 이렇게 말한다. 프로이트가 자본주의하 가족의 기본 체계에 지나지 않는 것을 초역사화해서 '오이디푸스 콤플렉스'로서 파악한 것은 일종의 자기기만을 포함하고 있다. 프로이트의 방식은 이렇다. "프로이트는 자기 분석에서 뭔가를 발견하고 그것에 대해 중얼거린다. 아니, 이건 오이디푸스와 비슷하잖아! 그리하여 그 뭔가를 그는 일단 가족소설의 한 변형으로 간주한다. 가족소설이라는 것은 편집증적인 등록인 것이다." 그리고 "프로이트는 조금씩 가족소설을 오이디푸스의 단순한 종속물로 만들어(……) 무의식 전체 위에 가족의 삼각형을 다시 덮어씌워 간다. 참으로 분열병자, 그것은 (사회의) 적인 것이다." 여기서는 분명하게 앞에서 본 분열병 친화자의 의미를 다시 파악하는 나카이 히사오의 주장과 호응하는 바가 있는 셈이다.

35. 변증법

문답법 / 논증법 / 절대변증법

'변증법'은 일찍이 일본의 학문 세계나 논단을 풍미한 술어였다. 하지만 요즘에는 극히 일부 사람들을 제외하고 적극적인 의미로는 거의 사용하지 않게 되었다. 학문 용어, 철학 용어에도 유행과 쇠퇴가 있는 것은 어느 정도 어쩔 수 없는 일이지만, 아무리 그래도 변증법의 경우는 특히 심하다. 그렇게 된 이유로서 보통 생각할 수 있는 것은 특히 변증법을 자기의 논리로서 내세워온 마르크스주의의 퇴조일 것이다. 확실히 마르크스주의가 스스로를 변증법적 유물론으로 내세웠기 때문에 마르크스주의의 퇴조와 함께 변증법도 술어로서의 매력을 잃어 사용되지 않게 되었다고 일단 말할 수 있을지도 모른다.

하지만 과연 이유가 그것뿐일까. 그보다 큰 이유는 변증법이라는 말이 예전에 너무나도 모호하게 사용되었기 때문이 아닐까. 내용을 끊임없이 다시 묻게 되고 논의가 깊어지지 않고 술어가 암호화되고 분위기만으로 쓰이게 되는 일이 많았기 때문이 아닐까. 그 특징과 유효 범위를 밝히지 않고 만병통치약처럼 사용되었기 때문이 아닐까.

예컨대 나 자신은 그 당시부터 '변증법'이라는 말의 사용법에 상당한 주의를 기울인 편이다. 그래도 지금 돌아보면 지금 말한 함정에서 벗어났다고는 도저히 말할 수 없다. 상반된 것의 역설적인 결부나 서로 모순되는 것의 통일을 한마디로 말하려고 할 때 변증법이나 변증법적 종합이라는 것은 무척 편리한 말이다. 게다가 변증법이라는 사고 안에는, 물론 시대에 따른 유행이나 쇠퇴 등에 맡겨둘 수 없는 귀중한 인간의 지혜가 숨어 있다고 생각한다.

그리고 그 까닭은 누가 뭐래도 변증법이 근본적으로 철학적 사고의 원형인 '대화'에서 유래한 점에 있다. 잘 알려진 것처럼 플라톤은 대화편에서 음미해야 할 문제를 소크라테스와 그 대화자의 문답이라는 형태로 다루며 그 문제에 대해 생각할 수 있는 여러 가지—특히 대립적인—관점을 객관화하여 검토함으로써 독단적, 일면적인 견해를 벗어나 문제 자체 안에서 해답을 찾으려고 했다.

'대화'를 그리스어로는 '디알로고스dialogos'라고 했는데, '로고스'란 문제가 되는 사항의 진리나 진상, '디아'란 나누다,

나눠 가지다는 의미였기 때문에 대화란 사항의 진리, 진상을 서로 나누는 일이며, 좀 더 말하자면 대화는 로고스(진리, 진상)에 이끌려 전개되게 된다. 이처럼 대화에서 로고스를 나누는 것, 그리고 대화는 문제 자체 안에 숨어 있는 로고스에 이끌려 전개되어야 한다는 것, 이 두 가지는 대화의 가장 기초적인 요점이다.

여기서 우리가 사물을 생각한다거나 사고라는 것이 자신을 상대로 행하는 자문자답, 즉 자기 내 대화와 다름없는 것이 된다. 그 점에 대해 플라톤은 이렇게 말한다. "무슨 사정이 있더라도 마음은 자신이 관찰하는 것에 대해 자신을 상대로 자세히 말하는 그 논의를 나는 생각한다, 라고 부른다. (……) 그때 마음은 내게 자신이 자신에게 묻기도 하고 대답도 하고 긍정도 하고 부정도 하며 바로 논의를 나누는 것으로 보인다. 그리고 우리는 마음이 늦고 빠르고의 차이는 있어도 일단 이것이라고 정하고 이제 변함없이 같은 말을 하며 헤매지 않으면 그것을 그 마음의 생각이라고 정하는 것이다."(『테아이테토스』)

다시 말해 사고, 특히 철학적 사고는 자기 내 대화에 의한 로고스의 자기 발전이어야 하는 것이다. 또한 그것은 대화와 로고스(말)를 매개로 타자에게 열려 있는 것이 되기도 하는 것이다.

이러한 소크라테스-플라톤적인 대화 또는 문답법dialektike

이후 변증법dialectic이 다시 적극적인 의미를 띠고 나타나는 것은 이른바 헤겔-마르크스의 변증법이 되고 나서다. 왜냐하면 개략적으로 말해서 그사이 오랫동안 변증법은 논증법apodeixis과의 대조에서 폄하된 의미를 띠어왔기 때문이다. 이 사고의 출발점을 이루는 것이 아리스토텔레스이고, 그것이 오히려 유럽 철학의 정통적인 변증법관을 형성한 것이다.

다시 말해 아리스토텔레스에 따르면 참된 전제에서 출발하여 추론을 하는 것이 '논증법'이고 그에 비해 불확실한 전제에서 추론을 진행하는 것이 '변증법'이다. 바꿔 말하면 논증법은 확실한 기초 위에서 논리적으로 참된 진실로 향하는 것임에 반해 변증법은 단순한 개연성을 기초로 하고, 따라서 그것이 이르는 것은 참된 지식이 아니라 억측(doxa, opinion)에 지나지 않는다. 유럽의 철학 전통에서는 변증법에 대한 이런 이해가 현재에 이르기까지—여러 가지 형태를 취하면서—놀랄 만큼 뿌리 깊다.

그런데 이번에는 이른바 헤겔-마르크스적인 변증법인데, 이는 보통 다음과 같은 형태로 정리되어 이해되고 있다. 요컨대 변증법이란 진리가 자기 완성하는 운동 형식이고, 일단 사물은 자기 자신에 입각하여(즉자적으로, an sich) 존재하지만 곧 그것이 필연적으로 자기 자신이 포함하는 부정적 요인에 의해 자기 자신에게 대립하여(대자적으로, für sich) 존재하는 것,

즉 타자가 된다. 하지만 그렇다고 해도 그대로 머물러 있을 수는 없다. 따라서 자기 분열 상태를 지양Aufheben하여 다시 자기를 되찾으려고 활동하여 완전한 상태(즉차대자, an und für sich)에 이른다. 이러한 즉자·대자·즉차대자(정·반·합)라는 세 단계의 운동이 거듭됨으로써 전체적인 진리가 나타나게 된다는 것이다.

하지만 이런 형태로 변증법을 정식화하는 일은—나카노 하지메中埜肇(『변증법』, 1973)도 말한 것처럼—마르크스는 물론이고 헤겔도 하지 않았다. 그들은 무엇보다 그런 동적인 사고를 실천했던 것이다. 또한 그들은 정신의 변증법(헤겔)인가 물질의 변증법(마르크스)인가, 즉 관념변증법인가 유물변증법인가 하는 것을 일찍이 대대적으로 물었던 적이 있다. 하지만 내가 보기에 변증법이 가지는 중요한 요소로 모순의 자각이나 인식이 있고, 그것이 오히려 동적 발전을 재촉하기 때문에, 또한 변증법은 그 자체가 반대물로의 전화轉化를 포함하고 있기 때문에 정신을 기축으로 해서도, 물질을 기축으로 해서도 그런 한에서는 그다지 다르지 않다. 다만 순수하게 사고로서의 변증법을 생각할 때는 관념변증법이, 그리고 모순을 포함한 동적 통일로 현실을 파악할 때는 물질을 기축으로 하는 것이—반대물을 포함하고 있기 때문에—한층 변증법적이라는 이야기가된다. 따라서 나로서는 예전에 일본에서 니시다 기타로나 다나

베 하지메田辺元가 시도했던 관념변증법과 유물변증법의 형식적 통일, 그것에 기초한 '절대변증법'을 주장한 것은 오히려 비변증법적인 것이라고 생각한다(→ 14. 구조론).

36. 폭력

공희 / 법체계 / 저주의 못

현재 '폭력'이라고 하면 사람들이 먼저 떠올리는 것은 아이의 '가정 폭력'이나 '학교 폭력'일 것이다. 그리고 그것들을 포함하여 폭력 문제가 우리의 염두에서 항상 떠나기 힘든 것은―이마무라 히토시(『폭력의 존재론』, 1982)도 말한 것처럼―그것이 단지 이상하고 예외적인 일이라기보다는 우리의 생존 근거 또는 문화의 근저와 더욱 관련되어 있기 때문일 것이다. 만약을 위해 말해두자면 여기서 '폭력'이란 무엇보다도 과잉된 것으로서의 생명 에너지의 힘이 타자에게―때로는 자기 자신에게―노골적인 형태로 작용하여 해를 끼치는 것을 가리킨다.

예컨대 가정 폭력이 문화의 근저와 관련되는 것을 응축적으로 보여주는 것은, 현대인 마음의 심층에 있는 드라마와 신화 속의 '신들의 드라마'가 유사하다는 점이다. 가와이 하야오(「원형으로서의 남녀노소」, 1982)도 지적한 것처럼 현재의 가정에서 벌어지는 끔찍한 사건들은 그 옛날 신화 속에서 신들이 행한 드라마에 지나지 않는다. 부모가 자식을 죽이고 자식이 부모를 죽인다. 이런 끔찍한 사건은 신화 속에 가득 차 있다. 심층심리학이 발견한 많은 콤플렉스에 오이디푸스, 디아나, 카인 등 신화에 나오는 자들의 이름이 붙어 있는데, 이는 신화 속의 인물들이 현재도 우리 인간의 심층 세계에 살고 있다는 것을 잘 보여주고 있다.

신화 속 신들의 드라마가 폭력에 대해 시사하는 것은 그것만이 아니다. 그것은 특히 '공희供犠'를 통해 인간 사회에서의 근본적인 폭력 양상을 우리에게 보여준다. 르네 지라르(『폭력과 성스러움』, 1972)도 말한 것처럼 공희란 결코 야만스러운 풍습이 아니라 더러운 폭력을 정화하는 뛰어난 문화적 장치다. 공희는 분명히 상징적 성격을 갖고 있지만, 출발점을 이루는 것은 살해이고 폭력이다.

공희에서 인간이나 동물을 희생물로 삼는 것은 공동체 전체를 지키기 위해 특정한 인간이나 동물에게 폭력을 향하게 하는 일이었다. 다시 말해 공희가 이루어지는 것은 공동사회 내부의 긴장, 원한, 적대 관계 등 일체의 상호 공격 경향을 흡수하기 위해서였다. 뭔가를 계기로 개인 사이에 다툼이 있고 일단 피가 흐르면 차례로 복수가 복수를 부르는 악순환을 일으켜 공동사회 전체에 치명적인 타격을 줄 수밖에 없다. 그래서 일어나게 되는 폭력의 연쇄를 어떻게든 단절시켜야만 하는데, 이때 공동사회 전체를 지키기 위해 전원 일치로 희생물이 선택되는 것이다.

하지만 이러한 공희의 메커니즘은 항상 충분히 작용하는 것이 아니다. 르네 지라르에 따르면 공희의 메커니즘에 위기가 찾아오는 것은 더러운 폭력과 정화 작용을 하는 폭력 사이의 구별＝차이가 사라지는 때다. 그때 전염성이 있는 더러운 폭력이 순식간에 공동사회 안으로 확대되고, 또 그에 따라 주위 것들의 다양한 차이가 사라진다. 따라서 공희의 위기는 여러 가지 차이의 위기, 즉 문화적 질서 전체의 위기나 다름없다. "차이의 끝은 약자에 의한 온 힘을 다한 지배이고, 따라서 아버지를 때려죽이는 아들은 인간적 정의의 끝이다"라고 지라르는 말했다.

이 정화적 폭력과 더러운 폭력의 구별＝차이의 소실로부터 차이 일반＝문화적 질서 전체의 위기를 말하는 것은 너무 단순하게 관련시키는 것인데, '아버지를 때려죽이는 아들'―'금속 배트로 살인'을 한 소년을 떠올리자―이 신화적 차원과 관련되는 것, 문화적 질서의 위기와 관련되는 것이 여기에 나타나 있는 것이다.

이처럼 지라르에 따르면 문화적 질서는 차이가 조직화된 체계로 파악되고, 그 차이의 상실이야말로 노골적인 폭력＝더러운 폭력의 횡행을 초래하는 것이었다. 이 주장은 생활이 원래 가져야 할 깊이의 상실이야말로 노골적인 폭력을 유발하는 것이 아닐까 하는, 진작부터 갖고 있던 내 생각과 분명히 호응하고 또 그것을 뒷받침해준다. 내 생각에 문화가 갖는 근본적인 역할은 폭력을 어떻게 순화시키고 그것에 형식을 부여해 수로로 만들까 하는 것에 있으며 또한 그런 형식의 축적으로 생활에 깊이를 주고 생활 세계를 풍부한 의미의 장으로 만드는 데 있기 때문이다.

하지만 폭력은 그것에 형식이 부여되고 그것이 수로가 되어 문화 안에 받아들여지며 폭력으로서의 성격이 완전히 불식되는 것은 아니다. 부여된 형식＝문화적 질서 또는 제도가 지배 관계를 초래할 때 폭력은 세련된 형태로 완만하게 작용하기 때문이다. 문명사회에서의 법체계도 그런 작용의 장이 되기 쉽다. 그런데 지라르는 문명사회에서의 법체계를 공희와 마찬가지로 복수, 즉 노골적인 폭력의 악순환을 끊는 것이라고 말한다. 법체계는 복수를 단지 공권력에 의한 형벌이라는, 지고하고도 특수화된 유일한 보복에 의해 단절하는 일이 되는 것이다.

지라르는 그러한 치료 효과를 가진 것으로서 문명사회의 법체계를 높이 평가하고 "법체계는 공희와 같은 기능을 갖고 있지만 법체계가 훨씬 더 유효하다. 하지만 그것은 강대한 정치 권력과 결탁하지 않으면 존재할 수 없다"고 말한다. 그러나 나로서는 오히려 법체계를 복수, 즉 폭력의 악순환을 막고 폭력을 추상화＝합리화하며 스스로 자율적인 규범으로 만드는 것으로 파악하고 싶다. 그리고 거기서 권력은 잠재 세력화한 폭력으로서 이미 내제되어 있는 것이다.

폭력의 문제는 그 외에도 여러 가지 방향으로 전개될 수 있지만, 그중에서 이번 기회에 특별히 언급해두고 싶은 것은 테크네(기술)의 근원적 폭력성이라는 문제다. 현대 기술은 단순히 도구의 연장이 아니라 일체의 사물이나 인간을 끌어들여 무한히 확대해가는 작용이다. 따라서 그것은 쓸데없이 거대화하고 정밀화하며 자기목적화한다. 또한 그러한 기술은 단지 과학기술적인 것에 그치지 않고 제도적으로 고도로 조직된 경제적·정치적 시스템에 대해서도 그렇게 적용될 수 있다. 어느 측면에서도, 그리고 그 두 측면의 결합에서는 더더욱 기술은 우리 인간에게 폭력적인 것으로 나타나 우리를 위협한다.

하지만 과학기술적으로도, 경제·정치 시스템적으로도 거대화하고 고도화한 테크네는 왜 우리 인간에 대해 폭력적인 것으로 나타난 것일까? 그것은 매개＝간접화가 두드러지게 진행되고 유용성＝합목적성이 관철되어 조르주 바타유(『저주의 몫』, 1947)가 말하는 '물질의 초월', 즉 물성物性 형식의 철저한 지배가 이루어지게 되었기 때문일 것이다. 이 경우 생의 과잉―결국은 저주의 몫―은 물질화되고 추상화되어 우리 인간을 위협하고 침범한다.

이러한 테크네(기술)의 근원적 폭력성을 어떻게 하면 좋을지는 쉽게 답하기 힘든 현대의 난문이지만, 그 문제를 생각하는 커다란 실마리가 되는 것은―지라르에 앞서―바타유가 말하는 '공희의 폭력'의 회복이다. 그에 따르면 공희의 폭력은 과잉된 물질세계를 파괴하지만, 그것은 세계의 친밀성을 회복하고, 물질의 질서에서도 근원성을 회복하기 위한 것이다. 요컨대 공희란 바로 축제화되고 정화된 폭력인 것이다.

37. 병

오늘날 건강에 대한 사람들의 관심은 깜짝 놀랄 만큼 높다. 이상하다고 해도 좋을 정도다. 그것은 여러 가지 형태로 나타난다. 예컨대 기존의 여러 분야의 잡지가 대부분 사람들의 관심을 끌 주제가 없어 곤란함을 겪는 가운데 건강을 주제로 한 잡지는 여러 개가 나와 많은 독자를 얻고 있다. 또한 백화점이나 슈퍼마켓에 가면 건강식품이라는 거창한 이름을 내건 특별 코너가 마련되어 있다. 보통 매장에 있는 것은 불건강식품이라도 된다는 듯이 말이다. 건강 환상이라고 해야 할까.

일반적으로 사람은 건강할 때 자신의 신체도 건강도 의식하지 않는 법이고, 그것을 의식하는 것은 몸 상태가 안 좋을 때, 즉 '병'이 들었을 때다. 그러므로 현재처럼 건강이 특별히 강조되고 주제화되는 것은 좀 더 건강해지고 싶다기보다는 병에 대한 적절한 대처 방법을 알 수 없어 그저 병을 두려워하는 마음이 강해졌기 때문일 것이다.

인간은 아주 복잡한 구조를 가진 생명 유기체이고 정신＝신체적 존재다. 그러므로 그 기능에 고장이 나서 나빠진 몸 상태에 시달리는 일은 어느 시대에나 있었고, 병은 늘 두려움의 대상이었다. 다만 오늘날 달라진 것은 예전처럼 병이 우리의 생활이나 경험의 일환이 아니게 되었고 오로지 의학적 치료의 대상이 되었다는 점이다. 즉 병은 오로지 객관화할 수 있는 것, 추상적인 것으로 다루어지게 된 것이다.

병과 표리 관계에 있는 건강이라는 말이 오늘날 뻔히 속이 들여다보이고 가짜처럼 보이는 것은 그 때문일 것이다. 현재 병은 사람들 사이에서 의학 지식이 늘고 진화해왔는데도 여러 가지 형태로 감추어져 본래 모습을 보기가 무척 힘들어졌다. 그러나 병은 왜 우리의 생활이나 경험의 일환이 아니게 되었고 오로지 의학적 치료의 대상이 된 것일까.

그 이유로 생각해볼 수 있는 것은 무엇보다 근대 의학이 나카가와 요네조中川米造(「21세기의 의료를 담당하기 위해—의사의 다섯 가지 얼굴」, 1983)가 말하는 과학자의 의학, 기술자의 의학이 된 일일 것이다. 나카가와는 이렇게 말한다. 지금까지의 의사에게는 네 가지 얼굴이 있었다. 마법의魔法醫, 학자(지식의 전승자), 과학자, 기술자의 얼굴이다. 이 중 마법의라는 것은 말 그대로 아프리카나 인도의 마법의만이 아니라 환자에 대해 권위적이거나 신비적으로 행하는 의사 일반의 일면도 가리킨다. 다음으로 학자(지식의 전승자)—이렇게 파악하는 방법에는 문제가 있지만—라는 것은 유럽에서는 18세기까지, 일본에서는 에도 시대까지 보인 의사의 모습을 말한다.

그에 비해 과학자라는 것은 19세기 이래 의사의 얼굴이고, 거기에서는 과학적·전문적 연구가 우선 된다. 또한 기술자라는 것은 최첨단 의료 기술의 습득자인 의사의 얼굴이다. 당연한 일이지만 과학자, 기술자의 의학에서 환자는 객관화된 대상이 된다. 그리고 그 폐해를 보완하기 위해 나카가와는 원조자로서의 의사를, 의료를 인간에게 다가가게 하기 위한 새로운 모델로 들고 있다. 이는 의료 현장에서의 상호 행위, 즉 원래 의미에서 임상(→38. 임상 지식)의 회복을 목표로 한 것이다.

그런데 앞에서처럼 과학자의 의학을 성립시키는 것과 함께 그 중심이 된 것은 '특정병인설'이라 불리는 것이었다. 이는 데카르트적 기계론이 의학에서 거둔 중요한 성과로, 세균학의 발달과 관련하여 근대 의학의 왕도를 형성했다. 사고 방법으로서는 각각의 병에 해당하는 특정한 원인이 있다는 것에 지나지 않지만, 의학을 근대 의학으로 만든 것은 바로 이 생각이었다. 그 이전의 의료에서 지배적이었던 것은 서양에서도 그리스 이래 히포크라테스의 자연 치유력을 중심으로 한 사고 방법이었다.

버나드 딕슨Bernard Dixon(『근대 의학의 벽—마탄魔彈의 효용을 넘어서』, 1978)도 말한 것처럼 서양 의학의 역사를 통틀어 두 가지 다른 흐름이 있었다. 하나는 히포크라테스적인 것으로, 병이란 체내의 조화, 육체와 전신 사이의 조화, 인간과 환경 사이의 조화가 깨진 상태라고 간주하는 사고다. 또 하나는 병을 병원체와 그것에 걸리기 쉬운 개체의 충돌이라고 보는 사고, 즉 특정병인설이다. 그리고 이 특정병인설은 빛나는 성공을 바랐지만 전신적인 병에 대해서는 유효하지 않을 뿐 아니라 그 성공으로 인해 히포크라테스적인 의학이 갖는 중요성을 은폐하는 결과를 낳았다.

하지만 특정병인설에 기초한 의학적 치료가 은폐해온 것은 그것만이 아니었다. 그것과 함께 중요한 것은 병의 심벌리즘과 코스몰로지의 관점이고 또 통증의 인간적인 의미였다. 병은 그것에 걸린 당사자가 좋아하고 싫어하고를 불문하고 하나의 현저한 표현이다. 사람은 병에 걸림으로써 건강이나 정상과 대립하고 일상성에서 일탈한다. 병이 기호론적으로 마이너스로 위치 지어지고 유표성markedness이라는 성격을 갖게 되는 것도 그 때문이다. 사실, 설사 가벼운 병이라고 해도 집 안에 병자가 누워 있으면 집 안의 분위기가 일변하여 불길한 느낌이 드는 일이 많다. 아니, 단지 불길한 느낌이 드는 것만이 아니라 약간 축제 같은 느낌마저 든다. 어렸을 때 병으로 학교를 가지 않거나 간다고 해도 체육을 하지 않는 등 다소 특권적인 기분을 맛본 사람이 적지 않을 것이다.

아주 건강한 사람은 병자에 대한 배려가 없다는 말을 듣는다. 하지만 더욱 중요한 점은 그런 본인이 현실을 다차원적으로 파악하는 관점을 갖기 힘들어지는 것이고, 그것만으로 그 사람의 삶이 빈약해진다는 것이다. 그러므로 아주 건강한 사람이란 그저 건강할 수밖에 없는 사람이라고도 할 수 있다. 수전 손택Susan Sontag은 자신의 유방암 체험을 살려 『은유로서의 질병』(1978)을 썼다.

여기에서 손택은 19세기를 대표하는 결핵과 20세기를 대표하는 암이 얼마나 상징화되고 은유로서 문학이나 문화 안에 새로운 감정이나 표현을 가져왔는지를 밝혔다. 그리고 특히 주목되는 것은 19세기의 결핵이 영적 성격을 띤 것으로 미화되는 일이 많았던 것에 비해 20세기의 암은—죽음을 부끄러운 것으로 여기는 고도 산업사회의 사고와 결부하여—사람들을 니힐리즘으로 몰아가고 있다고 하는 점이다.

그것과 크게 관련되는 것은 근대 의학이 행한 '통증의 말살'이다. 일반적으로 마취와 그 밖의 방법에 의한 통증의 제거·경감은 근대 의학의 빛나는 성과 가운데 하나로 여겨진다. 하지만 이반 일리치(『의료의 한계, 의료의 복수 : 건강의 착취Limits to Medicine, Medical Nemesis: The Expropriation of Health』, 1976)도 말한 것처럼 근대

의학은 통증을 기술의 문제로 바꿔버리고 그때는 고난(파토스)(→ 30. 파토스)에서 그 고유의 인간적 의미를 빼앗은 것이다.

참으로 "통증이란 항상 자기 자신을 발견하고 그것에 대한 자신의 의식적 반응에 따라 끊임없이 형성되는 자기의 신체에 대한 주관적 현실의 빼놓을 수 없는 일부라고 생각되었다. 사람들은 자신의 편두통, 마비 또는 고뇌를 어떻게 다룰지 알고 있었다". 통증은 인간에게 악이나 결함의 직접적인 경험, 영혼의 우주적인 경험이라고까지 말할 수 있는 것이고, 단지 기술적으로 통증을 제거하는 것은 통증을 대하는 방식으로 나타나는 문화의 지혜와 다양성을 잃는 일이었다. 통증을 함부로 없앰으로써 사람들은 빈약해지는 자신의 삶을 무감정하게 바라보기만 하게 된 것이 아닐까. '의료의 복수'—『의료의 한계, 의료의 복수』의 제목의 일부—라는 하나의 큰 항목으로 전개되는 이반 일리치의 이 통증론은 경청할 만하다.

38. 임상 지식

과학 지식 / 파토스 지식 / 살 수 있는 경험

　　우리 인간이 누구나 신체를 가진 파토스적(수동적, 고난적) 존재인 이상, 외계로부터의 작용에 몸을 드러내야만 하고 정념(격정)에 사로잡히며 통증과 괴로움을 겪는 것도 피하기 힘들다. 그런데 근·현대인은 인간의 강함을 전제로 하는 근대과학의 분석적인 지식, 기계론적 자연관에 기초한 지식에 의해 사물이나 자연을 오로지 대상화하고 그것들의 법칙을 알고 그것들을 지배하는 데 전력을 다해왔다. 그에 따라 인간의 지배권을 확대하고 운명의 필연에 대항하여 자유의 왕국을 수립하려고 해왔다. 확실히 그러한 근대과학 지식에 따른 근대 문명은 지구적 규모로 인류의 생활에 커다란 변혁을 가져왔다.

　　게다가 근대과학 지식과 근대 문명은 인간의 문화적 소산 중에서 단 하나의 영속적이고 무한하게 발전하는 것으로 간주되어왔다. 현재 미해결의 문제들도 가까운 미래에는 반드시 과학에 의해 해결될 것으로 여겨졌다. 근대 생리학이나 근대 의학 등은 바로 그러한 능동적이고 낙천적인 과학적 지식의 소산이고, 그것에 의해 통증이나 괴로움을 없애고 병을 절멸시킬 수 있다고 확신했다. 누구도 죽음을 벗어날 수 있을 거라고는 생각하지 않았다고 해도 병을 의학적으로 극복하여 죽음을 멀리 떼어놓고 삶을 더욱 오래 향유할 수 있게 될 거라고 생각했던 것이다.

그런데 현실은 그런 방향으로 나아가지만은 않았다. 그보다는 현실이나 자연으로부터 인간은 가차 없는 보복을 당하게 되었다. 우리는 누구나 많든 적든 간에 환경오염으로부터 피해를 당하게 되었고 우리의 환경은 문명의 진보에 따라 옛날과는 다른 형태의 위험으로 가득 차게 되었다. 통증이나 괴로움을 겪을 기회도 많아졌고 죽음의 공포도 더욱 커졌다. 요컨대 누구나 거의 예외 없이 곤란한 수동적인 입장, 고난의 입장에 놓이게 되었다. 하지만 정신을 차렸을 때 우리 현대의 인간은 대체로 준비가 안 되어 있으며 그런 사태에 대처할 지식을 잊고 있었다.

그리하여 수동, 고난, 통증, 병 등 인간의 약함을 자각한 상태의 지식, '파토스 지식'을 다시 돌아보게 된 것이다. 게다가 파토스 지식은 우리 인간이 수동적, 고난적 존재라는 것에 의해 타자나 자연과의 생생한 교류를 가질 수 있음을 가르쳐준다. 따라서 '과학 지식'과 대조시켜 '파토스 지식'을 파악하면 우선 과학 지식은 사물을 대상화하고 조작하는 방향에서 인과율에 의거하여 성립한다. 그리고 거기서는 보는 것과 보이는 것은 어쩔 수 없이 분열되고 거기에 냉담한 대립이 초래된다.

이처럼 '과학 지식'이 조작의 지식인 것에 비해 '파토스 지식'은 환경이나 세계가 우리에게 드러내는 것을, 이를테면 읽어내고 의미부여하는 방향에서 성립한다. 그것은 우리 주변에 있는 모든 사물의 징후, 표시, 표현에 대해 그것들 안에 숨어 있는 중층적인 의미를 묻고 우리 몸에 덮치는 다양한 위험에 대처하면서 농밀한 의미를 가진 공간을 만들어내는 지식이다. 그리고 실은 일상의 경험이 우리에게 가르쳐주는 것에도 역시 파토스 지식이 작용된다. 살아 있는 경험은 환경이나 사물과 우리 사이에 친하고 밀접한 관계를 형성하고, 그것에 의해 우리는 새로운 미지의 사건을 만났을 때도 잘 알고 있는 것을 살려 사태의 변화에 대응할 수 있는 것이다.

또한 과학 지식이 냉담한 시선의 시각적 지식인 것에 비해 파토스 지식은 신체적, 체성감각體性感覺적인 지식이라고 할 수 있다. 여기서 체성감각이라는 것은 촉각, 근육감각, 운동감각을 포함한 전신의 기초적인 감각이다. 내촉각內觸覺이라고 하는 우주적 감각도 바로 이 체성감각이고, 오감(모든 감각)이 통합된 생생한 전면적 기능으로서의 공통감각도 이 체성감각에 따른다. 요컨대 파토스 지식에서도 시각이 작용하지 않는 것이 아니라 거기서는 시각도 체성감각과 결부되어 오히려 본래적으로 더한층 공통감각적으로 작용하는 것이다.

그런데 이러한 파토스 지식은 근대과학 지식과 대립한다고 해도 학문적 지식과 양립하지 않는 것은 아니다. 오히려 현저하게 현대적인 새로운 학문 속에 임상(필드워크) 지식으로서 나타난다. 즉 그것은 정신의학(임상심리학도 포함하는), 문화인류학, 동물행동학처럼 지금까지의 과학 개념에서 비어져 나온 학문, 대상과의 신체적인 상호 행위interaction가 이론 자체에 결정적으로 중요한 여러 학문을 말한다.

그렇다면 그런 광의의 '임상 지식'의 특색은 어디에 있을까. 그것은 대체로 다음의 세 가지 점으로 정리된다. 1. 근대과학 지식이 원리상 객관주의의 입장에서 사물을 대상화하여 냉담하게 바라보는 것에 비해 그것은 상호 주체적 또는 상호 행위적으로 스스로 관여한다. 그렇게 함으로써 타자나 사물과의 사이에 생생한 관계나 교류를 유지하게 한다. 2. 근대과학 지식이 보편주의의 입장에 서서 사물을 오로지 보편성(추상적 보편성)의 관점에서 파악하는 것에 비해 그것은 개개의 사례나 경우를 중시하고 사물이 놓여 있는 상황이나 장소(토포스)를 중시한다. 다시 말해 보편주의라는 이름 아래 자기의 책임을 해제하지 않는 것이다. 마지막으로 3. 근대과학 지식이 분석적이고 원자적이며 논리주의적인 것에 비해 그것은 종합적, 직감적, 공통감각적이다. 다시 말해 눈에 보이는 표면적인 현실만이 아니라 심층의 표현으로도 눈을 돌리는 것이다.

돌이켜보면 이런 특색을 가진 '임상 지식'은 근대과학 지식이 지배하는 상황에서 오랫동안 멸시당하고 배제되어왔다. 게다가 그런 사태에 대해 거의 의문조차 가질 수 없었다. 어째서일까. 그것은 아마 근대과학 지식—물리학을 모델로 한 지식—이 그 옳음(진리성)을 원리상 논리적으로, 요컨대 무시간적으로 명시하고 증명해 보일 수 있었던 것에 비해 임상 지식은 그 옳음을 동일한 방식으로 명시하고 증명해 보일 수 없었기 때문이다. 확실히 자타 사이의 긴밀한 상호 관계의 한가운데서 관찰하고 감지한 것을 언어로 기술하는 경우, 그 기술이 옳은지 옳지 않은지를 곧바로 판정하기는 힘들다. 그리고 경험은 논리에 비해 자기를 근거 지우는 방법을 결여하여 다분히 애매함을 포함하고 있는 것처럼 보인다.

하지만 뒤집어 생각해보면 그렇게 생각하는 것이 이미 근대 지식에 사로잡혀 있는 결과이다. 왜냐하면 임상적인 기록이든 필드워크의 기록이든 관찰하고 감지한 것을 언어로 기술한 경우, 그 기술은 어느 정도 오랜 기간에 걸쳐 많은 사람들의 검증에 노출되면 그것이 옳은지 옳지 않은지, 어디까지 신뢰할 수 있는지를 충분히 판정할 수 있기 때문이다. 행위의 축적인 경험의 작용에 대해서도 똑같은 말을 할 수 있다. 어느 정도 오랜 기간에 걸친 일이라면 경험이 가르쳐주는 것은 결코 애매하지 않고 미묘한 판별도 할 수 있기 때문이다.

이처럼 임상 지식이 현재 중요한 의미를 갖고 있는데도 현실의 좁은 의미에서의 임상, 즉 의학적 임상은 푸코가『임상의학의 탄생』(1963)에서 지적한 것처럼 근대 의학의 시스템 안에서 제도화되어 오늘에 이르렀기 때문에 오히려 냉담한 대상화나 형식적인 계량화 등 과학주의의 나쁜 부분을 상호 행위의 장으로 가져오는 일이 많은 것 같다. 그러나 그럴수록 임상이라는 상호 행위의 장에 어울리는 지식, 본래의 임상 지식이 무엇인지를 분명히 하고 회복할 필요가 있을 것이다.

39. 레토릭

파이데이아 / 정치적 동물 / 레토릭 지식

근래에 '레토릭'에 대한 관심이 갑자기 높아지고 있다. 하지만 그 한편에는 레토릭에 대한 경계와 멸시가 여전히 뿌리 깊고 끊이지 않는다. 그럴 때 격에 맞지도 않게 내가 떠올리는 것은 『논어』의 "교언영색 선의인巧言令色 鮮矣仁"―말을 잘 꾸미고 얼굴빛을 좋게 하는 사람 중에는 어진 이가 적다―이라는 말이다. 일본어는 전통적인 용법에서 보면 뛰어나게 수사학적인rhetorical 말인 만큼, 생각해보면 근·현대 일본인의 뿌리 깊은 레토릭 혐오는 재미있는 현상이다. 무의식적으로 레토릭적이기에, 그래서 그것을 직시하고 싶지 않기 때문에 오히려 의식적으로 레토릭적이 되는 것을 싫어하는 것일까. 거기에는 아마 유교의 가르침과 함께 근대 일본이 근대 서구에서 문명과 함께 받아들인 '프로테스탄트'적인 성실주의도 분명히 작용하고 있을 것이다.

하지만 유럽에서도 근대가 되고 나서는 일반적으로 '레토릭'에 대한 비난이 강하다. 예컨대『수상록』을 쓴 몽테뉴도 '말의 공허함에 대하여' 쓸 때 이렇게 말했다. "[말 하나만으로 상대를 홀리는 레토릭 전문가들보다는] 그래도 여자들에게 가면을 씌우고 화장을 시키는 놈들의 해가 적다. 여자들을 완전히 태어난 그대로의 모습으로 보지 않아도 크게 손해는 되지 않지만 레토릭 전문가들은 우리의 눈이 아니라 판단력을 속이고 사물의 본질까지 변용시켜버리는 것을 업으로 하고 있다." 하지만 몽테뉴의 이 말이 우리에게 일정한 힘을 갖고 호소해오는 것은 그 언어적 기교, 요컨대 레토릭에 의한 바가 크다.

언어적 기교 또는 효과적인 언어 표현 기술로서의 레토릭이 자각적으로 생각된 것은 고대 그리스의 도시국가(폴리스)에서였다. 보통 고대 그리스에 대해서는 '철학philosophy'의 탄생만 조명되고 레토릭이나 수사학은 소피스트의 궤변을 떠받치는 것이라는 악역을 맡는 일이 많았다. 하지만 지금은 그런 견해 자체가 너무나도 이성중심주의 철학의 입장에 선, 또는 그것에 사로잡힌 것이라는 사실을 깨닫게 되었다.

히로카와 요이치廣川洋一(『이소크라테스의 수사 학교』, 1984)도 이렇게 썼다. 그리스·로마 문화의 중추에 있는 '파이데이아paideia', 즉 교양의 내실에는 두 가지 형태가 있다. "플라톤 아카데미아에서 조직적으로 이루어진 이른바 수학적, 철학적 교양과 이소크라테스가 확립한 문학적, 수사학적 교양이다. 행·불행은 정하기 힘들지만 이소크라테스적 교양이 로마 세계에 끼친 영향은 플라톤이 끼친 영향에 비해 훨씬 광범위하고 심각했다." "유럽이 계승한 고전 문화 또는 단적으로 교양 이념은 기본적으로 이소크라테스적, 수사학적 교양이었다."

이처럼 철학과 레토릭(변론·수사술)이란 원래 서로 길항하고 보완해야 하는 것이었지만 현실에서는 그 후의 역사에서 오랫동안 서로 다투게 되었다.

그런데 고대 그리스에서 레토릭이 자각적으로 생각되어 발달한 것은 고대 그리스의 도시국가에서 정치적으로 민주제가 채택되고 동시에 인간이 정치적 동물 = 언어적 동물로 파악되어 의회나 법정에서 변론의 힘이 큰 의미를 가졌기 때문이었다. 여기에는 사토 노부오佐藤信夫(『레토릭 감각』, 1978)가 말하는 레토릭의 첫 번째 기능, 즉 '설득하는 표현 기술'이 확실히 드러난다. 사물을 설력력 있는 형태로 인상적으로 말한다는 것 자체에는 문제점이 없지만, 그것이 과도하게 기교화하면 흑을 백이라고 말로 구워삶는 기술이 될지도 모른다. 이런 방향에서 생긴 것이 궤변술이라 불린 것이다.

하지만 효과적인 언어 표현 기술로서의 레토릭에는 사물을 설득력 있는 형태로 인상적으로 말하는 것 외에, 그것과 가깝지만 약간 다른 기능이 있다. 그것은 사토 노부오가 말하는 레토릭의 두 번째 기능, 즉 '예술적이나 문학적 표현 기술'이다. 다시 말해 처음에는 오로지 구두 표현에만 관련되었던 레토릭이 곧 문어를 대상으로 하게 되고 또 설득이라는 목적에서 벗어나 오로지 매력적인 표현 자체를 목적으로 하게 된다는 것이다.

'설득하는 표현 기술'과 '예술적 표현 기술'은 고대 레토릭의 주요 역할이고 그 후 2천 년 이상이나 계승되어왔다. 그 전통은 19세기 후반에 이르러 서양에서도 단절이 있고, 그 후 1960년대에 접어들어 드디어 새롭게 재검토하게 되었던 것이다. 이런 견지에서 사토 노부오(앞의 책)는 고대 레토릭이 간과했던 세 번째 역할로서 '발견적 인식의 조형'에 주목한다. 그것은 평범한 표현의 틀을 깨고 규칙을 어길 때 규칙의 침범에도 규칙성이 있다는 것에 대한 주목이었다. 그리고 우리의 "인식을 가능한 한 있는 그대로 표현하기 위해 레토릭 기술이 필요했다"고 한다.

여기에는 "사물에는 대체로 본명本名이 있기 때문에 묘하게 장식하려고 하지 말고 본명으로 부르는 것이 좋다, ……라는 귀에 들어오기 쉬운 속물적인 언어 사실주의"에 어긋난 언어 감각을 바로잡고, 언어 표현에 탄력성을 주는 것으로서 레토릭을 재평가하려는 적극적인 자세가 보여 공감 가는 바가 많다.

하지만 나로서는 마찬가지로 레토릭을 재평가할 때 약간 다른 데에 중점을 두고 싶다. 간단히 말하면 그것은 논리주의적인 좁은 의미에서의 '철학 지식'에 비해 감성, 이미지, 상상력 등을 많이 받아들인 '레토릭 지식'의 존재를 확실히 인정하는 것이다.

요컨대 '레토러 지식'이란 개념적·분석이성적인 지식이 아니라 언어적·공통감각적인 지식을 말한다. 그리고 여기서 언어적·공통감각적이라는 것은 두 가지 측면을 갖고 있다. 하나는 특정한 청중이나 독자를 상정하고 그들의 코먼센스(상식)에 호소하여 상대를 설득하거나 움직이게 하는 구체적 실천과 관련된 것이다. 또 하나는 오감을 관통하여 통합하는 것으로서의 센수스 코무니스(공통감각) 및 개념과 함께 이미지를 포함하는 언어를 충분히 살려 지식을 특별히 상상력·신체성과 관련된 것으로 하는 일이다.

다시 말해 프랜시스 베이컨(『학문의 진보』)이 말한 것처럼 레토릭 지식이 하는 일은 "의지를 잘 작동하게 하기 위해 이성을 상상력에 기초하여 이용하는 것"이고 또 잠바티스타 비코Giambattista Vico(『우리 시대의 연구 방법에 관하여De Nostri Temporis Studiorum Ratione』, 1709)가 말한 것처럼 이성적 추론에 대한 레토릭 지식이 가진 뛰어난 점은 1. 주어진 문제에 대해 모든 측면에서 그것을 고찰할 수 있는 것, 2. 나온 문제에 대해 그 자리에서 곧바로 답할 수 있는 것, 3. 문제에 걸맞은 논점을 적절히 골라내고 조합해서 한층 설득력 있게 말할 수 있는 점에 있는 것이다.

40. 로고스중심주의

반철학 / 탈구축 / 천황제

내가 좋아하는 말 중에 "철학을 바보 취급할 것, 그것이 진실로 철학하는 일이다"라는 문장이 있다. 파스칼의 『팡세』에 나오는 말이다. 기성의 위엄 있는 '철학'을 제발 소중하게 껴안고만 있지 말고 내처 이화異化하고 '철학'과 관계없는 듯한 데서 문제를 찾으라는 의미로 받아들이면 지나친 아전인수일까. 그런 의미로까지 받아들이지 않더라도 이 말에는 철학이 가져야 할, 자기에 대해 다시 묻는 면이 교묘하게 드러나 있다.

옛날부터 철학은 여러 가지 형태로 자기를 다시 물으며 규정해왔다. 예컨대 무전제의 지식, 그 존재를 부정할 수 없는 것―부정하면 그 입장 자체가 하나의 철학이 되기 때문이다―자기의 전제를 자각한 지식의 양상 등등이다. 그러나 그렇게 말은 하지만 철학은 아직 무자각적인 형태로 그 존재를 특권적인 지식으로서 유지해왔다.

그런데 1960년대 이후가 되어 철학 지식에 대해 지금까지보다 훨씬 근본적으로 다시 묻게 되었다. 철학은 종래 생각되어온 보편적인 지식이 아니라 그리스-유럽에서 생겨나고 전개된 하나의 아주 특수한 지식의 형태에 지나지 않는 게 아닐까, 게다가 허망한 전제 위에 성립한 것이 아닐까, 하고 말이다. 이렇게 다시 묻는 일은 어느 것이나 오늘날 지식의 최전선에 있는 세 사람(미셸 푸코, 질 들뢰즈, 자크 데리다)에 의해 이루어졌다.

먼저 푸코(『담론의 질서』, 1971)에 따르면 플라톤 이래 서양의 철학적인 지식은 '진리에의 의지'에 의해 지배되었다. 즉, 그것에 의해 담론(discourse : 언설, 언어 표현)을 진실과 허위로 분할하고 올바른(참인) 담론을 보편적인 것으로 내세워 역사적으로 형성된 그 분할을 제도화했다. 헤시오도스나 소피스트 이전에 올바른 담론이란 사람들의 마음을 사로잡거나 감동시키는 힘이 있는 것이었다. 그런데 플라톤 이후에는 오로지 참인 개념을 나타내는 담론, 형식적으로 수미일관한 담론으로 바뀌었다. 즉, 담론은 그 독자성이나 고유성이라는 차원이 아니라 사상 내용의 단순한 표현으로서 인식된 것이다. 대체로 '진리에의 의지'는 진리를 욕망에서 해방시키는 것이 아니라 실은 그것 자체가 욕망인 것이다.

들뢰즈(『의미의 논리』, 1969)에게서는 플라톤주의 안에 있는 본질계와 가상계의 구별이 문제가 된다. 다시 말해 플라톤은 가상에서 본질을, 카피에서 오리지널을, 모상(시뮬라크르)에서 원형을 분리했다. 그것은 가짜에서 진짜를 분간하고 구별하고 찾아내기 위해서였다. 그리고 진짜 = 이데아와의 대비로 모상(어긋남과 개변을 포함한 카피)은 멸시당하고 억압당했다.

그렇다면 그렇게 모상을 물리치는 플라톤주의에서 진리의 기준이 되는 것은 무엇일까. 그것은 바로 동일성과 유사성이다. 하지만 그것들이 아니라 모상과 차이의 입장에 설 때 본질은 물론이고 오리지널도 원형도 특권을 갖고 존재할 수 없게 된다. 유사는 모상 바깥에 나타난 효과에 지나지 않고 동일성은 차이를 전제로 하여 존재하는 것에 지나지 않는다고 들뢰즈는 말한다.

여기서 푸코와 들뢰즈도 철학 본래의 근본적인 질문을 다시 함으로써 적극적인 의미에서 '반철학'이라고도 할 만한 것을 내세웠던 것이다. 한편 데리다(『그라마톨로지에 대하여』, 1967)의 '로고스중심주의' 비판도 마찬가지로 '반철학'의 입장에 서 있다.

다시 말해 데리다에 따르면 서양의 철학적인 지식의 깊숙한 곳에는 '로고스중심주의'라는 도그마가 숨어 있다. '로고스중심주의'란 온갖 의미에서의 로고스(이야기되는 말, 신의 지혜,

지고의 이성=이데아, 논리, 합리성, 의식 등)가 항상 진리의 최종 근거로서 끌려 나오는 양상이다. 그렇다면 진리는 왜 로고스에 의해 보증되는 걸까. 그것은 로고스가 가진 자기에의 현전 때문이다. 이 로고스중심주의의 원류는 특히 플라톤에게 있고 그 흐름은 데카르트, 헤겔을 거쳐 현상학에까지 이른다. 그리고 로고스중심주의에서 로고스는 목소리와 결부되어 음성 언어(알파벳)의 지배를 내세우게 된다.

그렇다면 여기서 주목되는 것은 푸코, 들뢰즈, 데리다에 의한 철학의 지식 비판이 모두 플라톤주의의 이데아설을 그 원류로 보고 있다는 점이다. 또한 개념적 진리 대신에 사건으로서의 담론(푸코), 차이를 포함하는 모상(들뢰즈), 문자 언어(에크리튀르)의 장난(데리다)이라는 언어적인 것이 중시된다는 점이다.

왜 나는 철학 지식에 대한 세 사람의 비판 중에서 공통되는 것을 보려고 하는 걸까. 그것은 데리다의 용어로서 유명해진 탈구축deconstruction이 고립된 생각이 아니라 적어도 그 철학적 함의에 가까운 것은— 앞의 비판과 표리를 이루며—푸코에게서도, 들뢰즈에게서도 보인다고 생각하기 때문이다.

그들 사고의 원류는 니체(푸코, 들뢰즈의 경우), 하이데거와 바타유(데리다의 경우)로 일견 서로 다른 것처럼 보인다. 하지만 니체가 바타유에게 끼친 영향은 역력하기 때문에 탈구축 사고의 출발점을 니체, 특히 그의 『도덕의 계보』에서 찾을 수 있을 것이다. 그래서 그 관련성을 간단히 나타내면 다음과 같다.

푸코(「니체·계보학·역사」, 1971)는 니체의 '계보학'에 대해, 그것을 특징짓는 것은 니체가 말하는 역사 감각이라고 말한다. 그리고 그것은 역사를 분산한 채의 형식으로 파악하고, 어긋남이나 주변을 간과하지 않고 명백히 보이는 도그마를 해체시키는 시선이라고 말한다. 또한 들뢰즈도 『니체와 철학』(1962)에서 니체가 말하는 가치의 철학, 즉 계보학은 비판의 참된 실현이자 그 유일한 방식이라고 말한다.

확실히 그것들에 비해 데리다가 하이데거에게서 힌트를 얻어 만든 탈구축이라는 것은 좀 더 미묘하고 복잡하다. 예를 들어 철학의 탈구축을 언급하며 데리다는 이렇게 말한다. "철학자가 지나온 길을 그대로 거슬러 올라가 그 방식을 알고 그 계략을 빌리고 그 패로 승부하고, 멋대로 책략을 펼치게 놔두고 실은 그 텍스트를 가로채버린다."(『에크리튀르와 차이』, 1967) 그러나 이것도 철학적 담론이 어떻게 구성되어 있는지 그 구조를 밝히는 일인 셈이다.

'로고스중심주의'와 '탈구축'이라는 것은 확실히 서양 문화의 근간과 관련된 중요한 문제다. 그리고 일본으로서도 메이지 시대 이후 서양 문화를 이만큼 도입한 이상 그 문제는 결코 남의 일이 아니다. 하지만 그 전에 생각해야 하는 것은 우리에게 탈구축의 대상이 될 만한 것, 일본인의 사고를 근본적으로 지배하는 것, 서양 문화에서의 로고스중심주의에 해당하는 것은 무엇일까 하는 것이다. 그것은 누가 뭐래도 문화 개념으로서의 '천황제'일 것이다.

그리하여 우리에게 탈구축 작업은 문화 개념으로서의 천황제로 향해져야 하는데, 그런 점에서 마침 데리다의 『그라마톨로지에 대하여』(1967)에 우리에게 절실한 말이 있다. "탈구축 시도는 필연적으로 내부로부터 손을 쓰게 되어, 역전을 위한 전술과 힘을 모두 낡은 구조에서 빌리기 위해, 그것도 구조적으로, 즉 요소나 원자를 분리하지 않고 빌리기 위해, 어떤 의미에서는 반드시 자기 작업의 희생이 되지 않을 수 없는 것이다."

후기

이 책을 쓰게 된 원래의 동기는 알랭Alain의 『정의집(定義集, Definitions)』(1953)에서 받은 자극 때문이었다. 하지만 아주 오래전의 이야기다. 『정의집』은 ABC순으로 배열된 270개 정도의 기본 용어를 자신의 말로 간결하게 정의 내린 '사가판私家版 용어집'이다. 20년쯤 전에 그 책을 읽고 언젠가 나도 이런 것을 써보고 싶다고 생각했다. 하지만 같은 일을 해서는 재미없다. 그렇게 생각한 채 좋은 방안이 떠오르지 않아 오랫동안 방치해왔다.

『정의집』이 아닌 『술어집』—그 차이는 머리말에 쓴 대로인데—으로서 이 책을 써보는 게 어떻겠느냐는 이야기가 구체적으로 나온 것은 3년 전 이 책과 같은 이와나미 신서로 『지식

여행의 권유知の旅への誘い』(야마구치 마사오山口昌男와의 공저, 1981)를 내고 나서다. 그때 편집을 맡았던 하야시 다쓰로林建朗 씨에게 우연한 기회에 내가 오래전부터 생각하고 있던『정의집』과 비슷한 책에 대한 계획을 얼핏 흘렸더니 하야시 씨는 그것을 잘 기억하고 있다가 '신서로 내고 싶다'고 제의해온 것이다.

내 마음이 크게 움직였고, 기본적으로 쓰는 것을 승낙했다. 하지만 달리 예정된 일도 있고 해서 충분한 시간적 여유가 있었으면 좋겠다고 말해두었다. 조금씩 계획이 구체화되기 시작했다. '술어집'이라는 제목을 정하는 것은 별로 어렵지 않았지만 최종적으로 40개의 표제어를 고르는 일에 고심했다. 그리고 '이거 큰일이다'라고 생각한 것은 집필해가면서였다. 각 항목 사이에서 어쩔 수 없이 문제가 리좀처럼 뒤얽혔기 때문이다.

다 쓰고 나서 제일 먼저 느낀 것은 내 머리를 '대청소'했다는 기분이었다. 당연히 쓰기 쉬운 항목만이 아니라 쓰기 힘든 항목도 적지 않았다. 이것만으로 충분하다고 생각하지는 않지만 지금 내가 중요하다고 생각한 항목은 거의 다뤘다고 생각한다. 이 정도의 '술어'에 대해서는 제대로 이해하고 썼으면 좋겠다는 것이 내 바람이다. 여름 더위가 한창일 때 열심히 최후의 박차를 가해준 하야시 다쓰로 씨의 활기찬 정열에 감사와

경의를 표한다.

1984년 8월 25일

나카무라 유지로

참고문헌

1. 아이덴티티

E. H. Erikson 『*Identity; Youth and Crisis*』(1968)

R. D. Laing 『*The Self and Others*』(1961)

2. 놀이

G. Bateson 「The message 'this is play.'」(1956)

J. Huizinga 『*Homo Ludens*』(1938)

R. Caillois 『*Les jeux et les hommes*』(1958)

山口昌男 「都市と祝祭」(1973)

3. 유비

埴谷雄高 『不合理ゆえに吾信ず』(1961)

J. Money / P. Tucker 『*Sexual Signatures on Being a Man or a Woman*』(1975)

小林登 『〈私〉のトポグラフィー──自己-非自己の免疫学』(1980)

4. 암묵적 지식

L. Wittgenstein 『*Tractatus Logico-Philosophicus*』(1921)

M. Polanyi 『*The Tacit Dimension*』(1966)

栗本慎一郎 『ブダペスト物語―現代思想の原流をたずねて』(1982)

渡辺慧 『認識とパタン』(1978)

R. Gelwick 『*The Way of Discovery; An Introduction to the Thought of Michael Polanyi*』(1987)

5. 이상

木村敏 『異常の構造』(1973)

M. Foucault 『*Folie et déraison; Histoire de la folie à l'âge classique*』(1961)

6. 에로스

H. Kelsen 『*Die Platonische Liebe*』(1933)

H. Marcuse 『*One-Dimensional Man; Studies in the Ideology of Advanced Industrial Society*』(1964)

J. Money / P. Tucker 『*Sexual Signatures on Being a Man or a Woman*』(1975)

I. Illich 『*Gender*』(1982)

7. 엔트로피

N. Wiener 『*The Human Use of Human Beings*』(1950)

玉野井芳郎 『エコノミーとエコロジー―広義の経済学への道』(1978)

室田武 『エネルギーとエントロピーの経済学―石油文明からの飛躍』(1979)

E. Schrödinger 『*What Is Life?*』(1944)

槌田敦 『資源物理学入門』(1982)

8. 가면

坂部恵 『仮面の解釈学』(1976)

9. 기호

大岡昇平 『姦通の記号学』(1984)

T. Tanner 『*Adultery in the Novel*』(1983)

S. K. Langer 『*Philosophy in a New Key*』(1957)

R. Jakobson 『*Essais de linguistique générale*』(1963)

J. Baudrillard 『*Le Système des objets*』(1968)

10. 광기

T. Hobbes 『*Leviathan*』

J. J. Rousseau 『*Discours sur l'origine et les fondements de l'inégalitéparmi les hommes*』

L. Feuerbach 『*Das Wesen des Christenthums*』

K. Marx 『*Ökonomisch-philosophische Manuskripte aus dem Jahre*』(1844)

Marx / Engels 『*Die deutsche Ideologie*』

M. Foucault 『*Folie et déraison; Histoire de la folie àl'âge classique*』

11. 공동주관

J. M. Domenach 『*Structuralismes-Ideologie et Methode*』

E. Husserl 『*Méditations cartésiennes; Introduction àla phénoménologie*』(1931)

M. Merleau-Ponty 『*Signes*』(1960)

吉本隆明 『共同幻想論』(1968)

岸田秀 『ものぐさ精神分析』(1977)

12. 극장국가

矢野暢 『劇場国家日本—日本はシナリオをつくれるか』(1982)

C. Geertz 『*Negara – The Theatre State in Nineteenth Century Bali*』(1980)

日本文化会議編 『日本は国家か』(1969)

河合隼雄 『中空構造日本の深層』(1982)

13. 교환

F. Arrabal 『*L'architecte et l'empereur d'Assyrie*』(1967)

Marx / Engels 『*Die deutsche Ideologie*』

栗本慎一郎 『経済人類学』(1979)

B. K. Malinowski 『*Argonauts of the Western Pacific*』(1922)

M. Mauss 『*Essai sur le don*』(1925)

J. Baudrillard 『*Pour une critique de l'économie politique du signe*』(1972)

　　　　　　『*L'Échange symbolique et la mort*』(1976)

14. 구조론

上山春平『弁証法の系譜―マルクス主義とプラグマティズム』(1963)

15. 코스몰로지

E. Minkowski『*Vers une cosmologie*』(1936)

佐藤文隆『ビッグバンの發見―宇宙論入門』(1983)

A. O. Lovejoy『*The Great Chain of Being*』(1936)

B. Pascal『*Pensées*』

16. 아동

P. Ariès『*L'Enfant et la vie familiale sous l'Ancien Régime*』(1960)

M. Foucault『*Folie et déraison; Histoire de la folie àl'âge classique*』

C. Lévi-Strauss『*La Pensée sauvage*』(1962)

柳田国男『こども風土記』(1942)

山口昌男「〈子供の世界〉からく大人の世界〉へ」(1980)

J. J. Rousseau『*Émile ou De l'éducation*』

本田和子『異文化としての子ども』(1982)

17. 코먼센스

Shaftesbury『*Characteristics of Men, Manner, Opinion, Times*』(1711)

小林秀雄『考えるヒント2』(1974)

深瀬基寬「共通感覚について」(1940)

中村雄二郎 『共通感覚論―知の組みかえのために』(1979)

M. Merleau-Ponty 『*Phénoménologie de la perception*』(1945)

18. 차이

G. Deleuze 『*Différence et répétition*』(1968)

J. Derrida 『*La Voix et le Phénomène; Introduction au problème du signe dans la phénoménologie de Husserl*』(1967)

F. de Saussure 『*Cours de linguistique générale*』(1916)

19. 여성 원리

中村雄二郎 『魔女ランダ考―演劇的知とはなにか』(1983)

Aristoteles 『*On the Generation of Animals*』

　　　　　　 『*Politics*』

R. Descartes 『*Discours de la méthode*』

小此木啓吾 『日本人の阿闍世コンプレックス』(1982)

上山安敏 『神話と科学―ヨーロッパ知識社会 世紀末~20世紀』(1984)

J. J. Bachofen, 『Das Mutterrecht』(1861)

E. Neumann 『*Die große Mutter. Der Archetyp des großen Weiblichen*』(1955)

20. 신체

湯浅泰雄 『身体―東洋的心身論の試み』(1977)

西田幾多郎 「論理と生命」(1936)

三木清『歴史哲学』(1932)

「哲学的人間学」未定稿(『三木清全集』第一八巻 所収)(1968)

市川浩『精神としての身体』(1975)

「〈身〉の構造」(講座『現代の哲学』第二巻『人称的世界』所収)(1978)

21. 신화

河合隼雄 / 中村雄二郎『トポスの知』(1984)

M. Eliade 『*Myth and Reality*』(1963)

C. Lévi-Strauss 『*La Pensée sauvage*』(1962)

22. 희생양

K. Lorenz 『*Das sogenannte Böse zur Naturgeschichte der Aggression*』(1963)

A. Mitscherlich 『*Die Idee des Friedens und die menschliche Aggressivität*』(1969)

J. G. Frazer 『*The Golden Bough*』(1890)

山口昌男「スケープゴートの詩学へ」(1983)

『歴史・祝祭・神話』(1974)

「ヴァルネラビリティについて─潜在的凶器としての〈日常生活〉」(1980)

M. Bakhtin 『*Rabelais and His World*』(1965)

寺山修司「畸形のシンボリズム2〈シャム双生児の王国誌〉」(『新劇』1979年7月号)

23. 제도

中村雄二郎『哲学の現在』(1977)

G. Deleuze / F. Guattari 『*Rhizome*』(1976)

市川浩「〈身〉の構造」

C. Alexander「A City is Not a Tree」(1965)

24. 성스러운 것

J. J. Rousseau　『*Lettre àD'Alembert*』

M. Eliade 『*Das Heilige und das Profane; Vom Wesen des Religiosen*』(1957)

E. Durkheim 『*Les formes élémentaires de la vie religieuse*』(1912)

上野千鶴子「カオス・コスモス・ノモス― 聖俗理論の展開(『思想』1977年
　　　　10月号)

P. L. Berger 『*The Sacred Canopy; Elements of a Sociological Theory of Religion*』(1967)

R. Caillois 『*L'Homme et le Sacré*』(1939)

25. 이중 구속

G. B. Matthews 『*Philosophy and the Young Child*』(1980)

R. D. Laing 『*The Self and Others*』(1961)

G. Bateson「The Double Bind」(1956)

26. 통과의례

A. Gennep 『*Les rites de passage*』(1909)

M. Eliade 『*Rites and Symbols of Initiation*』(1958)

河合隼雄「ライフ・サイクル」概説(講座『精神の科学』第六巻『ライフ・サイク

ル』([1983])

V. Turner 『*Dramas, Fields, and Metaphors; Symbolic Action in Human Society*』
(1974)

青木保「境界の時間」(叢書『文化の現在』第七巻『時間を探検する』(1981)

27. 어릿광대

J. N. Schifano, 『*Naples*』(1981)

山口昌男『道化の民俗学』(1975)

Shakespeare 『*King Lear*』

W. Willeford 『*The Fool and His Scepter*』(1969)

高橋康也『道化の文学—ルネサンスの栄光』(1977)

Platon 『*Symposium*』

Erasmus 『*Collectanea Adagiorum*』

F. Rabelais 『*La vie de Gargantua et de Pantagruel*』

F. Nietzsche 『*Die Geburt der Tragödie aus dem Geiste der Musik*』

28. 도시

G. Simmel 『*Brücke und Tür*』(1957)

K. Lynch 『*The Image of the City*』(1960)

多木浩二『生きられた家—経験と象徴』(1983)

29. 토포스

中村雄二郎『共通感覚論—知の組みかえのために』

西田幾多郎「場所」(1926)

30. 파토스

三木清「今日の倫理の問題と文学」(1933)

Aristoteles 『*Metaphysics*』

R. Descartes 『*Les passions de l'âme*』

31. 퍼포먼스

竹内敏晴『ドラマとしての授業』(1983)

Sophocles 『*Antigone*』

R. Descartes 『*Les passions de l'âme*』

中村雄二郎『言葉・人間・ドラマ—演劇的知を求めて』(1981)

32. 패러다임

T. Kuhn 『*The Structure of Scientific Revolutions*』(1962)

E. Morin 『*Le paradigme perdu; la nature humaine*』(1973)

村上陽一郎『歴史としての科学』(1983)

N. R. Hanson 『*Patterns of Discovery; An Inquiry into the Conceptual Foundations of Science*』(1958)

P. K. Feyerabend 『*Against Method*』(1975)

M. Foucault 『*Folie et déraison; Histoire de la folie àl'âge classique*』

『*L'archéologie du savoir*』(1969)

33. 프락시스

T. Parsons / E · Schills 『*Toward a General Theory of Action*』(1951)

R. Goldberg 『*Performance Art; From Futurism to the Present*』(1979)

J. P. Sartre 『*Critique de la raison dialectique*』(1960)

34. 분열병

W. Blankenburg 『*Der Verlust der natürlichen Selbstverständlichkeit. Ein Beitrag zur Psychopathologie der schizophrenen Alienation*』(1971)

木村敏『分裂病の現象学』(1975)

『自己・あいだ・時間』(1981)

中井久夫『分裂病と人類』(1982)

G. Deleuze / F. Guattari 『*L'Anti-Œdipe. Capitalisme et schizophrénie*』(1972)

35. 변증법

Platon 『*Theaitetos*』

中埜肇『弁証法』(1973)

36. 폭력

今村仁司『暴力のオントロギー』(1982)

河合隼雄「元型としての老若男女」(叢書『文化の現在』第伍卷『老若の軸・男女の軸』所収)(1982)

R. Girard 『*La Violence et le Sacré*』(1972)

G. Battaille 『*La Part maudite*』(1949)

37. 병

中川米造「二十一世紀の医療を担うために―医者の仇つの顔」(『パテーマ』1983年10月号)

B. Dixon 『*Beyond the magic bullet*』(1968)

S. Sontag 『*Illness as Metaphor*』(1978)

I. Illich 『*Limits to Medicine*』(1976)

38. 임상 지식

M. Foucault 『*Naissance de la clinique; une archéologie du regard médical*』(1963)

39. 레토릭

M. Montaigne 『*Essais*』

廣川洋一『イソクラテスの修辞学校―西欧的教養の源泉』(1984)

佐藤信夫『レトリック感覚』(1978)

F. Bacon 『*Advancement of Learning*』

G. Vico 『*Il metodo degli Studi del Tempo Nostro*』

40. 로고스중심주의

B. Pascal 『*Pensées*』

M. Foucault 『*L'ordre du discours*』(1971)

「Nietzsche, Genealogy, History」(1971)

G. Deleuze, 『*Logique du sens*』(1969)

『*Nietzsche et la philosophie*』(1962)

J. Derrida 『*De la grammatologie*』(1969)

『*L'écriture et la différence*』(1967)

F. Nietzsche 『*Zur Genealogie der Moral; Eine Streitschrift*』(1887)

옮긴이 | 송태욱

연세대학교 국어국문학과를 졸업하고 동대학원에서 문학박사 학위를 받았다. 도쿄외국어
대학교 연구원을 지냈으며, 현재 연세대학교에서 강의하며 번역을 하고 있다. 지은 책으로
『르네상스인 김승옥』(공저)이 있고, 옮긴 책으로는 덴도 아라타의 『환희의 아이』, 미야모
토 테루의 『환상의 빛』, 오에 겐자부로의 『말의 정의』, 히가시노 게이고의 『사명과 영혼의
경계』, 다니자키 준이치로의 『세설』, 사사키 아타루의 『잘라라, 기도하는 그 손을』, 가라타
니 고진의 『일본 정신의 기원』 『트랜스크리틱』 『탐구』, 시오노 나나미의 『십자군 이야기』,
강상중의 『살아야 하는 이유』, 미야자키 하야오의 『책으로 가는 문』 등이 있으며, 나쓰메
소세키 소설 전집을 번역했다.

술어집

초판 1쇄 발행 2018년 5월 25일

지은이 나카무라 유지로
옮긴이 송태욱

펴낸곳 서커스출판상회
주소 서울 마포구 월드컵북로 400 5층 24호(상암동, 문화콘텐츠센터)
전화번호 02-3153-1311
팩스 02-3153-2903
전자우편 rigolo@hanmail.net
출판등록 2015년 1월 2일(제2015-000002호)

ⓒ 서커스, 2018

ISBN 979-11-87295-11-2 03100

이 도서의 국립중앙도서관 출판시도서목록(CIP)은 서지정보유통지원시스템 홈페이지(http://seoji.nl.go.kr)와
국가자료공동목록시스템(http://www.nl.go.kr/kolisnet)에서 이용하실 수 있습니다.
(CIP제어번호: CIP2018003506)